蒙台梭利敏感期早教手册
0~6岁感官系统训练全书

【意】蒙台梭利 / 著　　张丽 孙丽娟 / 编译

Montessori's Sensitive Education Handbook
Sensory System Training Strategies for 0~6 year-old Children

北京理工大学出版社
BEIJING INSTITUTE OF TECHNOLOGY PRESS

版权专有　侵权必究

图书在版编目（CIP）数据

蒙台梭利敏感期早教手册.0～6岁感官系统训练全书／（意）蒙台梭利著；张丽，孙丽娟编译. —北京：北京理工大学出版社，2017.1（2021.9重印）

ISBN 978-7-5682-3235-7

Ⅰ.①蒙…　Ⅱ.①蒙…　②张…　③孙…　Ⅲ.①智力开发—学前教育—教学参考资料　Ⅳ.①G613

中国版本图书馆CIP数据核字（2016）第244294号

出版发行 / 北京理工大学出版社有限责任公司	
社　　址 / 北京市海淀区中关村南大街5号	
邮　　编 / 100081	
电　　话 /（010）68914775（总编室）	
（010）82562903（教材售后服务热线）	
（010）68944723（其他图书服务热线）	
网　　址 / http://www.bitpress.com.cn	
经　　销 / 全国各地新华书店	
印　　刷 / 保定市中画美凯印刷有限公司	
开　　本 / 880毫米×1230毫米　1/24	责任编辑 / 赵兰辉
印　　张 / 10	文案编辑 / 赵兰辉
字　　数 / 124千字	责任校对 / 周瑞红
版　　次 / 2017年1月第1版　2021年9月第15次印刷	责任印制 / 马振武
定　　价 / 32.80元	

图书出现印装质量问题，请拨打售后服务热线，本社负责调换

作者简介

1870年8月31日,玛利亚·蒙台梭利(Maria Montessori, 1870—1952年)在意大利安科纳(Ancona)地区的基亚拉瓦莱(Chiaravalle)小镇降生。当时为这个孩子的到来而欢庆的人们不会想到,在接下来的一个多世纪里,她会给整个世界的儿童教育带来那么巨大的影响,全世界会有那么多的儿童因她而获得一个幸福的童年和成功的人生。

蒙台梭利家境很好,深深宠爱她的父母让她接受了良好的家庭教育。5岁时,父母带她移居罗马。在那里,她开始接受系统的教育。蒙台梭利学习成绩优秀,1890年进入罗马大学读生物,26岁获得罗马大学医学博士学位,成为罗马大学和意大利的第一位女医学博士。

蒙台梭利进入医学界后首先担任的是助理医生职务。在临床工作中她发现,当时的意大利人居然把智障儿童与精神病患者视为等同,并把他们一起关在疯人院里,这让充满爱心的蒙台梭利极为震惊,同时对这些智障儿童产生深深的同情。从那一刻起,她就把关爱、教育儿童作为自己的研究课题。透彻研究儿童发育规律,让世间所有的孩子都受到最好的教育,都

作者简介

能快乐地成长——这成了蒙台梭利奋斗的方向。

1898年，在都灵召开的教育会议上，蒙台梭利发表了自己的演讲——《精神教育》。从那时起整个世界都认识了这位年轻、睿智的儿童教育专家，她所创立的独特的幼儿教育法也逐步被推广到了全世界。1907年，罗马贫民区出现了世界上第一所"儿童之家"，这是蒙台梭利为推广儿童教育而迈出的重要一步。通过"儿童之家"，蒙台梭利的教育理念得到了更好的诠释和推广，无数儿童也因为这个后来发展为世界性机构的教育组织而获益。1909年，蒙台梭利创作完成《学龄前的儿童自动教育》。该书一经出版，就被译成20多种文字，先后有上百个国家引进。此后，她又先后撰写了《有吸收力的心灵》《童年的秘密》《发现孩子》等多部图书，给西方世界的儿童教育工作带来极大影响。

蒙台梭利的贡献为她赢得了世界性的荣誉。她曾荣获法国"荣誉社团会员勋章"、安科纳和米兰的"荣誉公民"称号，成为荷兰阿姆斯特丹大学的"荣誉哲学博士"、苏格兰教育研究院的"荣誉院士"。1949年、1950年和1951年，她连续3次获得"诺贝尔和平奖"提名。

1952年5月6日，被称为"20世纪给科学带来进步的最伟大的教育家"蒙台梭利女士逝世于阿姆斯特丹，享年82岁。

前言 Preface

对于每个家庭来说，孩子都是天使，都是阳光，都是未来的希望。虽然他们也许会给家庭带来一些小麻烦，但是没有哪个父母会因此而忽视孩子的成长，延缓对他们的培养。

现代社会中，随着传统教育方式弊端的逐步显现和西方教育观念的冲击，中国的年轻家长们越来越迷茫。事实上，不仅现在的年轻父母遇到了教子难题，就连经验丰富的育儿工作者也常常困惑，众说纷纭，莫衷一是，"虎妈猫爸"纷纷登场。在这种情况下，怎样才能让孩子获得最适合的教育？

20世纪初，一位著名的教育家走进了人们的视野，她的教育理论为幼儿教育带来了新鲜的空气，她的教育方法让束手无策的家长们见到了光明。这个人就是玛利亚·蒙台梭利（Maria Montessori）。经过近百年的研究、实践和发展,她的育儿理念和方法形成了完备的体系,给全世界的儿童教育提供了指导。现在,这种方法也进入我国,开始给中国父母提供建议和指导。

给孩子自由才是真正的爱

所有接受过蒙台梭利指导的家长都会感到一丝尴尬:很多时候,成人是在为孩子的成长设置障碍。刚刚降生于世的孩子是柔弱的,他们无法以一个独立的人的身份行使自己成长的权利。在很长一段时间里,他们面对的都是成人想当然的教育。中国传统教育讲究"棍棒底下出孝子",讲究严苛的诗礼传家;西方讲究"绅士的教育",讲究放养、自立……可不管是哪种教育,家长们都没有仔细思考过自己所给予的是不是孩子所希望和要求的。

经过多年的研究和教育实践,蒙台梭利注意到,所有的孩子——哪怕是刚出生的婴儿,都有自己的成长规律和心理需求,他们在潜意识里清楚地知道自己想要学什么、如何学。如果成人不加干涉,只是提供保护与帮助,那么孩子自己就能够走得很好,可这一点却在过去的几千年里不为人知。人们所提出的各种幼儿教育理论,并非建立在了解幼儿本

前言
Preface

身心理状况的基础之上——家长只是以成年人的眼光、心态及心理需要对幼儿进行培育和教育。于是才有了那么多对孩子的"塑造"和对孩子成长过程的曲解。所以，在对孩子进行教育的时候，理解他们的需求，给他们真正的自由，才是真正的爱。

教孩子要巧借敏感期规律

给孩子自由，不代表要对孩子放任自流。这种"自由"是指，当孩子沿着成长规律前行的时候，家长不要多加干涉，相反，应该给他们帮助，让他们能够更加自由、更加科学地以自己的意志成长。家长这时候要做的是引导，而不是约束。说到"引导"和"帮助"，就必须理解蒙台梭利的"敏感期教育"理念。

在蒙台梭利看来，孩子的各项能力发展都有一个"敏感期"。在该项能力的敏感期内，这项能力随时都会处于一种积极的接受和成长状态。如果能够在这时给它以适当的刺激，它就会以惊人的速度发展成长。当敏感期结束后，这种积极的力量就会逐渐消失。如果错过了这个敏感期，虽然不会给孩子造成灾难性的影响，但却会给他在这个方面造成遗憾和障碍。例如，我们经常提到的"狼孩"就是因为错过了语言、智力、秩序等方面的敏感期而面临终生的伤痛。

蒙台梭利经研究总结出的儿童敏感期主要包括：0~6岁的语言敏感期，2~4岁的秩序敏感期，0~6岁的感官敏感期，0~6岁的动作敏感期，3~6岁的书写敏感期，4~6岁的阅读敏感期。

要想让孩子能够在未来有更好的发展，家长就应该在孩子的敏感期内对他们进行适当的教育、引导，促进孩子各项机能的正常发育，以免贻误时机。

给孩子好的教养从科学入手

经过多年的推广和引导，许多家长已经对蒙台梭利的教育方法有所了解，但是如何正确使用，如何让孩子真正获益，还需要一个科学的学习过程。

通过多年幼儿教学研究，我们发现广大家长在学习、使用蒙台梭利教育方法的过程中，普遍遇到了以下几个难题：

首先，蒙氏的原著很零散，很难懂。蒙台梭利的教育理念分散于她的一系列著作中，几乎每部作品都反复强调了几个关键点，如"心理胚胎""敏感期教育""蒙氏游戏训练法"等。这些零散的论述让

前言
Preface

家长很难形成系统的认知，尤其是在更实用的蒙氏游戏训练法方面，更是如此。

其次，蒙台梭利的训练方法主要是针对儿童群体进行的，其中大多数方法需要多名儿童配合才能完成。这让想在家里对孩子进行蒙氏训练的父母无所适从。

最后，蒙氏的有些理念与中国国情有一些小的冲突，而且有些理念是以她所处的时代为出发点，所以略显陈旧，这些问题对于非专业的家长来说，有些难以取舍。

根据这些问题，结合多年的蒙氏教育经验，我们特意编写了本套丛书。它具有以下两个特点，同时也是家长使用本系列图书时应该重点注意的方面：

1. 以实用的蒙氏敏感期教育为骨架，分为五册，从感官、语言交际、运动系统、品格习惯及智力发展五个方面，帮助家长针对儿童能力成长进行培养给予指导。

我们打乱了蒙台梭利原系列著作的编排方式，将某一个成长能力方面的内容从各部著作中提炼、集中起来，按照符合儿童成长规律的逻辑顺序形成教育指导体系，这样可以让家长对蒙氏教育的某一方面有更清晰的了解和认识。

在书中，一方面，我们保留了蒙台梭利在相关方面的研究叙述，让广大家长对蒙氏训练和游戏有一个原始而直观的认识；另一方面，我们也根据近年来的蒙氏研究，针对中国的国情和家庭教育现状，给出能够与中国家庭教育相结合的专家指导意见。让家长既能理解原著的精髓，又能有所提高和进步。

2. 我们保留了蒙台梭利的游戏培养体系，同时也根据她的理论精髓和近百年来蒙台梭利教育学研究的成果，设计了一大批适合中国家长在家庭内部使用的训练方法。这些方法的关键不在于蒙氏教具的"原装性"，而在于能否体会蒙氏教具的设计精髓，进而在家中就地取材，找到适合我们使用的教具、玩具、道具，找到适合中国孩子的游戏方式。有了这些游戏，我们就可以"在家也能运用蒙台梭利法"。

此外，在游戏设计中我们也注意到了游戏的扩展。通过专家们总结出来的蒙氏游戏原则，家长可以在本系列图书提供的游戏基础上，设计、延伸出更适合自己孩子的游戏方法，这对我们进一步深化使用蒙台梭利教育法有着非同一般的意义。只有这样，我们才能让孩子真正体会蒙台梭利教育的精髓并为之获益。

蒙台梭利女士的睿智和努力让世界各国的孩子都因此获益。她那些着眼于孩子自身的心理及生理发育规律，从孩子需求角度出发设计的训

前 言
Preface

练法是真正值得我们学习的。理解她的理念，通晓她的方法，再结合我们对蒙氏教育理念多年的研究成果，相信一定能够为正在育儿道路上迷茫探索的年轻父母们排忧解难，让孩子健康、聪明地成长！

编　者

目录 Contents

PART 1 儿童感官系统训练

感官训练对于孩子来说非常重要 / 002

感官训练使孩子成长为优秀的观察者 / 005

PART 2 儿童感官系统的要素

除了观察，教师什么都不必做 / 012

在感官训练中遵循"塞昆三阶段" / 015

感官训练中要做到感官隔离 / 018

在感官训练游戏时不能分散孩子的注意力 / 021

为孩子准备的训练教具 / 024

PART 3 感官训练之触觉

触觉、热觉、重量感觉 / 028

锻炼孩子的感知觉 / 033

※触觉感官训练游戏快乐营 / 038

　音乐按摩 / 039

　挠痒痒 / 040

　抓握小练习 / 042

　摸摸妈妈的脸 / 044

　摸一摸，哪个软哪个硬 / 046

　冷水热水摸一摸 / 048

　手掌插插插 / 050

　撕纸 / 052

　一起做果泥 / 054

　给布片找朋友 / 056

　比比哪个重 / 058

　玩沙子 / 060

　光着脚丫踩踩踩 / 062

　挑选小木棒 / 064

　神奇的口袋 / 066

目录 Contents

听一听，纸筒里的宝贝是什么 / 068

摸一摸，有什么 / 070

PART 4 感官训练之味觉、嗅觉

味觉与嗅觉训练应该融入生活 / 074

※味觉、嗅觉训练游戏快乐营 / 078

奶粉味道有很多 / 078

闻气味 / 080

什么味道的果泥更好吃 / 082

酸甜苦辣尝一尝 / 084

美味菜汤 / 086

闻气味，辨味道 / 088

尝一尝，哪个浓来哪个淡 / 090

闻一闻，哪个浓来哪个淡 / 092

啃啃小脚丫 / 094

苦苦的苦瓜，也好吃 / 096

猜水果 / 098

闻一闻，这是什么水果 / 100

这个气味真不好 / 102

吃肉小超人 /104

辨别调味料 /106

迷人的花香包 /108

识别危险气味 /110

PART 5 感官训练之视觉

视觉维度练习 /114

用视觉观察形状的练习 /120

视觉触觉联合练习 /125

用视觉识别颜色——色觉的练习 /129

※视觉感官训练游戏快乐营 /134

    手指戳洞洞 /134

    追踪黑白球 /136

    颠倒的小世界 /138

    配对游戏 /140

    接气球 /142

    猜猜哪个碗 /144

    猜猜谁是谁 /146

    大排序——搭建圆柱"小楼梯" /148

目录 Contents

配对瓶盖 / 150

搭积木，盖高楼 / 152

失踪的玩具 / 154

分扑克牌 / 156

滚一滚，认东西 / 158

颜色记忆训练之按照印象找朋友 / 160

颜色大变身 / 162

填色游戏 / 164

PART 6 感官训练之听觉

分辨声音的练习 / 168

听觉敏感度的培养 / 174

有关安静的课程 / 179

音乐教育 / 184

※听觉感官训练游戏快乐营 / 188

听声辨位 / 188

声音是远还是近 / 190

敲一敲，响一响 / 192

水钢琴 / 194

随着音乐做动作 / 196

给儿歌找节奏 / 198

小歌手，真快乐 / 200

捂上耳朵听声音 / 202

捏着鼻子说儿歌 / 204

听声做动作 / 206

震动的钢尺 / 208

土制电话机 / 210

听声音，找图片 / 212

给音找朋友 / 214

分辨准确的音阶 / 216

听声音，辨乐器 / 218

PART 1
儿童感官系统训练

感官训练对于孩子来说非常重要

感官训练使孩子成长为优秀的观察者

感官训练对于孩子来说非常重要

对于0~6岁的孩子来说,对其进行感官训练至关重要,因为它可以刺激孩子相关的感官功能的发展。从孩子的角度来说,他也需要教育者通过某种途径和方法来帮助其发展感官——这种发展必须是理性而科学的。

在多年的教育实践中,我们逐渐发展出了一系列感官训练的方法。这些方法不一定是完美的,但它们肯定对孩子有巨大的帮助作用,同时对心理学研究来说也是一个巨大的进步。

每一位教育者都应该清楚,对孩子的教育应该注重生理性和社会性两个方面。**生理性方面的教育着眼于帮助孩子在生理、自然等方向获得科学的发展;社会性则更注重帮助孩子很好地适应、融入周围的环

PART 1
儿童感官系统训练

境。不管是从哪个角度出发，我们都应该注重对孩子的感官进行系统的培养。

孩子各方面的成长都有相对应的敏感期，**对于感官发育来说，最好的教育年龄段是3~7岁**。换句话说，在3~7岁这个年龄段，孩子的感官发展最快。

我们一直强调，不管是培养孩子的哪个方面，都应该注重其与智力同步发展，感官训练也适用于此。一般而言，3~7岁是孩子身体成长的高速阶段。在这一阶段，孩子会对周围的事物产生浓厚的兴趣，这种兴趣会帮助他调动更多的感官系统去关注周围的环境。在智力和感官两种系统发展的需求之下，我们就应该有意识地指导孩子科学合理地刺激自己的感官，促进其发展。

除此以外，感官训练还有另一个附加的、但也是极其重要的作用：可以帮助我们发现、纠正传统教育中无法发现的孩子生理方面的缺陷，比如失聪和近视。

摘自《蒙台梭利早期教育法》

给中国家长的话

　　根据蒙台梭利的研究，孩子的感官系统发育敏感期是3～7岁，但这并不代表孩子的感官发育仅仅集中在这个时间段。在此之前应该注重孩子感官的启蒙和保护，之后则主要着眼于保护而不是发展训练。

　　不过，关键的一点需要提醒家长，在孩子出生以后，我们应该及时对孩子的各项感官功能进行测试。在教育中我们发现，许多孩子的先天生理问题，比如失聪、弱视都是越早发现越好。因为早发现，在现有科技条件下可以更好地进行纠正，这对孩子的健康成长非常关键。

PART 1
儿童感官系统训练

感官训练使孩子成长为优秀的观察者

人类想要生存发展就必须尽最大可能地利用周围环境中的资源，这就促使我们成了这个世界上最优秀的观察者。

审视人类文明，对促进文明发展最有意义的实证科学的进步，就是建立在观察的基础之上。事实上，过去一个世纪里，人类生活环境的巨大进步也是源自观察后得出的发现成果和对发现成果的应用。伦琴根据观察发现了X射线，后来的科学家也用同样的方法发现了赫兹波动、元素镭的振动和马可尼电报。这些观察得来的巨大财富让这个人类文明获益。

因此，我们必须对自己的孩子进行观察培训——这对人类人体和整个文明都有非同一般的意义。正是通过观察训练，人成了最优秀的观察者。它不仅让我们能够游刃有余地完成普通工作，促进文明的发展，而且能让我们在精神上获得更高的成果，让我们在面临文明和环境之间的矛盾时，找到解决的途径。

在传统教育中，我们一直有一个误区：对孩子的教育应该是从理念开始，然后再进步到运动神经活动。例如，我们一直是先进行智力开发教育，然后再要求孩子在精神道德方面有所建树——这一顺序产生的根源在于，我们总是喜欢先教给孩子我们自己感兴趣的东西。

可遗憾的是，**在教育孩子的过程中我们往往会发现，孩子在理解很多知识或者进行实践的时候非常吃力。之所以如此是因为，我们遗漏了儿童教育中非常关键的一个环节：孩子的感官发展和观察能力培养。**

再举一个具体的例子：我们要求一位厨师去买一条鲜鱼。他不会无法理解这个要求，但是如果他没有经过相关的训练，不知道该如何使用视觉和嗅觉去判断一条鱼是否新鲜，那他绝对无法达成目标。

如果这种缺陷进一步延伸到烹饪过程中会发生什么？也许一名理论派厨师能够通过课本学习知道各种美食的配方和烹饪时间，可以根据图样雕刻、摆放出各种精美的造型，但是在烹饪过程中，只要他遇到关于气味、色泽和口感之类涉及烹饪关键要素的问题，就难免会出现差错，因为他没有经受过相关训练。甚至他连放什么佐料都可能会出错误。只

PART 1
儿童感官系统训练

有经过长时间的感官实践训练，厨师才可能最终具备烹饪的能力。这是对感官训练重要性的另一个诠释。这种训练对成人来说非常困难，所以在生活中我们想要找到一名好厨师绝非易事。

在医务工作者身上我们同样可以看到类似的情况。

一位已经从书本上掌握了所有诊脉要素的医学院学生，在面对病患时，哪怕他心中无比热切地希望能够为病人手到病除，可是如果没有经受过相关感官训练，他还是无法分辨出手指触摸到的感觉到底意味着什么，他之前所学的也就毫无用武之地了。也就是说，在成为一名正式的医生以前，他还要接受区分不同感官刺激的训练。如果这名学生的手有缺陷呢？如果他对热的刺激很差，那么他也只能更加依赖体温计。

不仅仅是手的触觉，听觉同样重要——哪怕一位医生理论知识再扎实，不经过实践和练习，耳朵没有区分声音的能力，他也一样无法诊断心跳。

长时间的实践对一名医生的成长是非常关键而必要的，事实上，这种实践就是一个缓慢的感官训练过程。几乎所有医生在刚开始行医的时候都会感到很难过：他在使用已有医学知识为病人诊断时，都会遇到困难，因为他在感官训练方面存在欠缺。只有经过大量而漫长的实践练习，他才能真正游刃有余地完成自己的工作。这些练习包括临床训练，包括测试心跳、听诊、诊脉,通过各种悸动、共鸣和呼吸的声音判断病人病情。练习枯燥而持久,许多年轻医生感到很泄气,认为太浪费时间,这何尝不是他们小时候没接受过感官训练而落下的恶果?我们甚至可以就此下结论:整个医学的基础就在于对感官的训练。如果一个医生没有良好的感官能力,即使他再聪明,医学院教授得再好,他也不过是一名庸医罢了。

有一次,我遇到一位医生给一些贫穷的母亲讲授如何识别孩子是否患上早期佝偻病——他希望这些母亲能够及时排查孩子的病症并给他们及时的治疗。早期佝偻病并不是很难治。毫无疑问,这些母亲清楚地知道佝偻病的危害,她们也希望能从医生那里获得识别早期佝偻病的知识,可是因为她们缺乏必要的感官训练,无法正确区分佝偻病和轻微反应之间的区别,所以医生的努力还是会事倍功半。

不仅仅是别人,在我们自己身上,是否也存在无法识别掺假食物的情况?这都是因为感官迟钝造成的,而这种迟钝普遍存在于广大缺乏感官训练的人群之中。消费者盲目信任大公司的承诺和商品上的标签,根本原因还在于他们缺乏独立的判断能力,无法自主区分不同物质的差异。从这个角度来说,感官经验的缺乏让我们的智力毫无用武之地。

遗憾的是,想要增强一名成年人的感官是非常困难的。**如果我们想**

PART 1
儿童感官系统训练

让感官系统有非同一般的能力，那么就必须在感官形成阶段进行相关训练教育。这种训练应该始于婴儿时期，并贯穿于整个教育阶段。

摘自《蒙台梭利早期教育法》

给中国家长的话

在蒙台梭利的理论中，"观察者"的定义被扩大化了。事实上，她所强调的观察并不仅限于我们传统意义上的用感官去体会，也包括研究与思考。观察是与研究、思考相配合的，这样才能成为一名优秀的观察者。但是，观察始终是基础。

对于家长来说，能够让孩子成为一个对周围环境、事物非常敏感，观察环境、事物非常仔细的人，是每个人都期盼的事情。在教育孩子的过程中，也始终强调要让孩子更细心，更有洞察力。可是我们也要知道，光从智力和思维的角度去要求孩子做到这一点并不够。提高观察力，还要进行生理方面的训练。

一次，我们组织幼儿园大班的孩子观察一只圈养的小兔，要求他们回家后把观察到的兔子画下来。第二天，孩子们交上来的画作五花八门,基本上都把兔子的基本特征画出来了:长耳朵,短尾巴,三瓣嘴。有的孩子还画出了养它的笼子和它吃的青菜——虽然当时兔子并没有吃菜,笼子里也没有青菜。但是只有一个孩子画"正确"了:他画出了兔子耳朵和爪子的斑点。孩子用心去观察和思考了,这毋庸置疑,他们也掌握了兔子的基本形态特征——这里面当然也有以往知识的储备,但我最想表扬的还是那个画出了斑点的孩子。因为他不仅是凭借知识和大概的印象画出了兔子,他是真正去观察了幼儿园这只兔子的个体特征。这就是一种视觉观察能力的体现,一种观察细节能力的展示。

培养孩子的观察能力,相关训练必不可少。

PART 2
儿童感官系统的要素

除了观察,教师什么都不必做

在感官训练中遵循"塞昆三阶段"

感官训练中要做到感官隔离

在感官训练游戏时不能分散孩子的注意力

为孩子准备的训练教具

除了观察,教师什么都不必做

孩子做训练时,除了观察,教师什么都不必做——这一方法对旧式学校里的老师来说实在有些不可思议。按照以往的习惯,一旦发现孩子遇到困难愁眉不展,或者反复纠正自己的错误,教师一般都会出手干预、帮忙。面对努力的孩子,几乎所有人都会产生一种天然的怜悯之心,并在它的驱使下去帮助孩子,这就是教师或其他教育者干预孩子的根本原因。我们曾试图阻止教师去这样做,结果换来的却是他们的一大堆怜悯孩子的话。而一旦发现孩子在自己的帮助下克服了困难,他们会有一种发自内心的喜悦。

可问题是,孩子真的需要我们去纠正或者帮助他们吗?一位好的教师应该具有丰富而过硬的心理观察力,并能大致估计出各种刺激对孩子

PART 2
儿童感官系统的要素

影响的大小。**孩子在做练习时，他们所使用的教具本身往往就能使孩子们检查出并纠正自己的错误。这种情况下，教师除了观察外，什么也不必做。**这时，教师扮演更多的是一个心理学家而不是教师的角色。

根据我的教育方法，**教师应该是多观察少干预的。他的首要职责是指导孩子的心理活动和生理发展。**因为这个原因，我更喜欢把教师称为"指导者"。这个名字在一开始的时候引来很多人的嘲笑：指导者没有助手，又不能过多干预孩子，要给孩子自由，那么他能指导谁呢？这些嘲笑者不知道，教师指导的内容要远比他们想象的更深远和重要，因为他指导的是生命和灵魂。

摘自《蒙台梭利早期教育法》

给中国家长的话

"教育过度"就像"医疗过度""关爱过度"等问题一样，一直为教育界所诟病。很多时候，我们并不是教给孩子的东西越多越好，也不是帮孩子越多越好。孩子在遇到困难的时候，让他们自己去克服，取得的教育效果要远大于我们上前帮忙。

举一个最简单的例子：一岁多的孩子学走路摔跤，一摔跤家长就马上去帮扶的孩子，学走路的速度肯定慢于自己爬起来的孩子。同样，很多使用学步车的孩子学走路慢也存在同样的现象。在幼儿园，我们不主张帮孩子上厕所，整理衣物，而只要在一边观察，防止孩子出现危险就可以。刚开始这样做的确会给孩子造成麻烦和困扰，但是对孩子的自理能力提高有非同一般的帮助。这种"帮助"才是真的帮助。

PART 2
儿童感官系统的要素

在感官训练中遵循"塞昆三阶段"

在对孩子进行感官训练时,我们可以遵循"塞昆三阶段"的训练方式。以视觉训练为例:

第一阶段:让孩子把视觉和事物名称联系起来。例如,让孩子观察红、蓝两种颜色。当孩子看红色的时候,我们可以提示孩子"这是红色";看蓝色时,提醒"这是蓝色"。等孩子有一定记忆以后,把两种颜色的纸张放在桌子上,让他们自己观察。孩子需要根据之前老师的话,把名称和颜色对应起来。一旦对应成功,他的脑海里就有了两种颜色的概念。

第二阶段:帮助孩子辨别物体的颜色。

教师可以指着红色的物体对孩子说:"请把红色的东西给我。"然后,再指着蓝色的物体重复上述动作。这样,在教师指导下,孩子很快就能认识物体的颜色了。

第三阶段:记忆并说出相对应物体的颜色。比如,**我们可以给孩子看一种物体,然后问他这种物体的颜色。在孩子给出正确答案后,教师要及时表扬;如果孩子回答错了,教师则要进行纠正。**

塞昆认为对孩子进行感官训练一定要坚持这三个阶段,并且每个阶段都不能只给孩子一种信息,至少两种,因为这种对比非常有助于孩子记住信息。根据实际观察我发现,塞昆三阶段训练法不仅对正常孩子有很大帮助,即使对缺陷儿童也很有意义。通过这种训练,有些智力缺陷儿童甚至比一般学校中偶尔进行感觉训练的正常儿童还要学得好。

有些人可能有疑惑,这种训练会不会让孩子感到厌烦?事实上,孩子往往会从中获得极大的乐趣。

有一次,我教一个不到三岁的小女孩学习三种颜色的名称。这一年龄段孩子的语言能力发展并不是很快。我让孩子帮忙在窗前摆放了一张桌子,桌子上成对放了六个有色线轴:两个红的,两个蓝的,两个黄的。我坐在桌前,小女孩坐在我的右边。

首先是第一阶段:我在孩子面前放了一个线轴,然后让她从另外五个中找出与这个线轴颜色一样的。找出后,我教她如何把相同颜色的线轴放在一起。我把这三种颜色的线轴分别给孩子做了一遍。接着，我又依据塞昆三阶段与孩子完成了全部的训练。

训练完成后，孩子掌握了三种颜色，并且能说出它们的名字。这个成果让孩子如此高兴，以至于在看了我一会儿以后，就开始蹦跳起来。我笑着问她："你认识颜色了吗？"她一边蹦跳一边回答我说："是呀！是呀！"她高兴地不停地围绕我跳，期待我再次问这个问题"你认识颜色了吗"，这样她好再次回答："是呀！是呀！"

摘自《蒙台梭利早期教育法》

给中国家长的话

蒙台梭利在她的著作中只列举了一个使用塞昆三阶段的例子：红蓝两色的记忆识别。事实上，这种方法可以应用在更多的感官训练之中。

我们总结这三个阶段为：命名、辨别、发音。将之扩展到其他感官训练中时，也可以根据这三个阶段的特征分别设计训练方法。比如，听觉训练中，我们可以使用鼓音和三角铁的声音作为示例，等等。遵循塞昆三阶段对孩子进行训练，可以起到事半功倍的效果。

感官训练中要做到感官隔离

在感官训练中做到感官隔离,这是我们在任何时候都极力追求的一点。

例如,听力训练最好在黑暗的环境中做,以取得最好的效果。其他一些类似于触觉、温觉、压觉和立体感觉的训练,也都最好把孩子的眼睛蒙上。

这样做的原因心理学家们早就给出了答案,我们不想再花费时间烦琐地解释。这里只需要向家长指出一点:**感官隔离不仅可以大大提高儿童的训练兴趣,而且还能让孩子的注意力集中在我们想进行的感觉刺激上,而不至于让训练陷入嬉闹玩笑之中。**

具体使用方法上,有一个简单的例子:

PART 2
儿童感官系统的要素

为了测验孩子听觉的灵敏度,我曾经使用过一种现在已经被医生广泛用于医疗检查的经验主义测试方法。检测时,我会让孩子蒙上眼睛(有时候也让老师站在他们的后面),然后让老师在距离他们不同的地点轻唤孩子的名字。我会逐步调节音量,由大到小,逐步减弱到耳语的程度。

为了让训练不受干扰,我会刻意把教室营造成一种肃穆静寂的环境,遮住窗户,让孩子们用双手蒙上眼睛,有时候也让他们将头埋入双臂之中。做好准备后,我开始轻声呼唤孩子的名字。呼唤时,我站立的位置并不是固定的。在这种神秘而有趣的游戏中,每个孩子都会聚精会神地倾听,捕捉那个说出自己名字的神秘的声音。而每个听到自己名字的孩子,都会马上兴高采烈地响应。

蒙上眼睛这种感官隔离方法并不仅仅适用于听觉训练。孩子在进行重量压力感觉训练时,我们也可以蒙上他的眼睛,这样他的注意力就会更加集中在正在进行的压力测试上。

除了集中注意力以外,蒙上眼睛还可以增加孩子的兴奋度,因为这种猜测性的训练会让孩子因为自己猜测正确而兴奋、自豪。

摘自《蒙台梭利早期教育法》

给中国家长的话

　　隔离感官在感官训练中作用很明显，这不仅仅是因为蒙台梭利所提到的几点原因，还有一个重要作用是防止孩子的不同感官相互干扰。

　　我们知道，人类观察事物往往是多种感官共同发挥作用的，比如判断两个物体重量大小，除了用手去托举，用眼睛看也是有可能实现目标的。比如两个相同材质的实心球体，孩子很容易就能判断出来。为了能够最大限度地训练某一种感官——这在感官训练中非常重要，隔绝其他感官就很有必要了。

PART 2
儿童感官系统的要素

在感官训练游戏时不能分散孩子的注意力

我们所提倡的感官训练大多时候其实都是一些游戏,孩子们做训练时也大多会格外高兴。可是,作为教育者我们必须明白,这些游戏都是有特定教育目的的,它们并非杂乱无章,所以**在游戏中就一定要注意不能分散孩子的注意力。**

教育家伊塔曾经对自己的教育实践进行总结:他的实验教育之所以遇到困难,是因为接受教育的孩子精神状态受到了误导。他在自己的教学笔记中写道:

"与之前的实验类似,最后一个实验我没有要求学生重复他所听到的声音,因为我发现这种重复会分散他的注意力。孩子分散了注意力,就必然会偏离我的实验目标——分别训练每个器官。为了达到实验目的，我想方设法让他的注意力都集中在一个简单的关于声音的概念上。

"我让他站在我的面前，蒙上眼睛并握住拳头，然后告诉他：每听到我的声音就伸出一根手指。孩子表示明白了游戏的规则。实验开始，他每听到我发出一个声音就伸出一根手指。实验的顺利进行让孩子高兴极了，脸上洋溢着喜悦的笑容。我不清楚孩子的兴高采烈是因为从我的发声中得到了喜悦，还是因为最终战胜了蒙住眼睛的困扰，总之他是很高兴的。实验间隙，孩子几次跑过来，要我用他手里拿的带子把他眼睛蒙上。而每一次我按照他的要求做了，他都会高兴不已。

"通过实验可以得出结论，所有的说话声不论音量高低都可以被孩子听到。这样我就要进行下一步实验了：让他比较、区分这些声音，而不是简单地记下它们。在比较、区分的同时，孩子还需要去欣赏它们。我们先从元音字母开始练起。训练也是通过手指来进行的。每一个手指代表五个元音字母中的一个。例如，我说'A'的时候，孩子就应该伸出大拇指，其余以此类推。结果发现，最容易让孩子辨认记住的是'O'，其次是'A'。其余三个对孩子来说则有些困难。不过最后他还是把这些声音分清记住了。发现自己实现了这一点，他马上高兴起来。渐渐地，这种兴奋变得有些过头，高兴的笑声也变得嘈杂起来。这种情况下，他听到的声音开始变得模糊，手指也胡乱伸起来。最后，他

PART 2
儿童感官系统的要素

甚至发展到我一给他蒙眼睛,他就开始哈哈大笑。"

到这里,伊塔发现实验已经无法继续下去了。于是他从孩子的眼睛上解下了带子。虽然孩子的笑声戛然而止,但他的注意力也很快就被分散开了。从这里,伊塔总结出,用带子蒙眼睛还是必需的,因为这样才能不分散孩子的注意力。

摘自《蒙台梭利早期教育法》

给中国家长的话

蒙台梭利在这段文字中,虽然描述的是伊塔的实验教学,但是中心议题还是关于孩子的注意力问题。感官训练毫无疑问是一种需要注意力高度集中的练习活动。尤其是一些类似听觉练习、视觉练习,更需要孩子全神贯注。所以,在训练时我们要想方设法不让孩子分散注意力。用带子蒙眼睛是避免分散注意力的一种好方法。前文曾经提到要做到感官隔离,其实也可以起到集中注意力的作用。

为孩子准备的训练教具

在对孩子进行感官训练以前,我们需要先准备一些教具,它们对后面的训练很有帮助。

1. 三套尺寸大小各不相同的立体图形,其中包括:

·粉红色立方体积木;

·棕色的棱柱体;

·分为两种颜色的薄板,一种颜色是绿色的,一种颜色是红蓝相间的。

2. 各种立体几何图形。例如棱柱、棱锥体、球形、圆柱体、锥体等。

3. 一些矩形小木板,其中部分表面光滑,部分表面粗糙。

PART 2
儿童感官系统的要素

4. 各种材质的布料。

5. 不同重量的木块。

6. 制作64块颜色各不相同的小方块板，放在一个盒子里。这样的盒子最好准备两个。

7. 装有平面插件的小木箱。

8. 三套纸质的几何形状卡片。

9. 一套大小各异的圆柱形密封盒子。

10. 两套音乐钟，画有五线谱的木板和用于标示的音符模型。

除了上面的教具以外，我们还要准备一些练习书法和教孩子进行数学计算的教具。它们包括：

1. 两个桌面有坡度的书桌和各种金属插片。

2. 用涂砂书写数字的卡片。

3. 用光纸书写数字的卡片。

4. 两盒用于计数的小棒。

5. 适合教学的图画书及彩色铅笔。

摘自《蒙台梭利儿童教育手册》

给中国家长的话

蒙台梭利教具在蒙氏教育中占有重要地位,这是因为这些教具能够将蒙氏儿童训练的作用发挥到极限。在对孩子进行系统、综合的引导练习前,我们有必要准备一些"道具"。不过,爸爸妈妈们也不要过于死板。只要掌握了蒙台梭利训练法的精髓,我们随时随地可以找一些替代品,而不必去专门准备相关的教具。

仔细想想,我们吃饭用的筷子、给孩子玩的积木,是不是都能充当教具?

PART 3
感官训练之触觉

触觉、热觉、重量感觉

锻炼孩子的感知觉

触觉、热觉、重量感觉

这三种感觉都属于触觉范畴。我们平常意义上的"触觉"都被局限在用手触摸的感觉上了，事实上，人体皮肤通过触摸获得的感觉都算得上触觉。

手部的触觉和热觉训练可以同时进行。例如，洗澡的时候就是一个好的训练时机。一般而言，孩子在洗澡时对冷热的感知最清楚。这时候，将手置于热水中会让他们很细致地体会冷暖的变化。此外，**我们还可以借洗澡的机会教育孩子爱清洁，比如不要用脏手去触碰东西。**另外还能通过将洗手、剪指甲等清洁行为作为触觉训练的准备性活动，帮孩子养成习惯。

通过手获得触觉的练习是有一定局限性的，却必不可少，因为手上

PART 3
感官训练之触觉

的触觉对于人生而言何等重要毋庸置疑。训练时，我会要求孩子在一个小脸盆里面用香皂洗手，换一个盆用温水冲洗干净泡沫，最后再用毛巾仔细擦干。这种训练还能教孩子养成好的洗手方法。等孩子熟悉了这个训练，我们就要教孩子如何科学地触摸物体表面。具体方法上，**我们可以尝试牵着孩子的手，非常轻微地接触物体表面。这样有利于帮孩子掌握力度和方法。**

  用手进行触摸训练的下一个阶段是感知觉的训练，具体目标是训练孩子仅通过触觉来分辨接触物体的种类性质。比如，我们可以让孩子闭上眼睛，鼓励他通过触觉进行更好的分辨。这种训练游戏很受孩子欢迎。从实际教学来看，孩子们不仅很快就能学会，而且多表现出非同一般的热情。我曾经尝试让孩子闭上眼睛，然后触摸我的手掌心，或者是衣服的布料（最好是丝绸或天鹅绒的）。结果发现，孩子很喜欢触摸柔软的表面，他们的触觉也得到了很大的锻炼。

  触觉训练上，我多使用两类教具：

  1. 由两块大小重量完全相等的长方形木块，其中一块表面非常光滑（可以用光滑的纸包裹起来），另一块表面粗糙（用砂纸包裹起来）。

  2. 一块木块，表面用光滑的纸和砂纸交错包裹。

  热觉训练上，我用一套各自装不同温度水的带小盖子的金属碗，其中有两碗水的温度是一样的。训练时，我会让孩子把手伸进小碗，体会不同温度水的差异，找出温度相同的两碗。

重量感觉训练，我的教具是一些大小相同的木块。这些木块的长宽高分别为8厘米、6厘米和0.5厘米。木块的材质各不相同，我常用的是柴藤、胡桃和松树。由于材质不同，所以几种木块的重量也不相同。制作木块的时候，我尽量将它们的表面弄光滑。如果有条件，还会给它们涂清漆以消除表面的粗糙。上清漆可以保留木头的天然颜色，这有助于孩子观察，甚至让孩子依靠视觉就能知道这些木块的重量是不一样的。

训练时，我会让孩子两只手各拿一个木块，手掌摊开，木块居于手掌正中间。然后，孩子可以让双手幅度非常轻微地上下活动，以此感觉木块重量的区别。需要注意的是，我们是想让孩子靠重量区分木块，而不是颜色，所以在训练时最好让他们闭上眼睛。这种带有猜测性质的游戏非常有助于提高孩子的兴趣。在以往的教学中，这种活动会吸引很多孩子的注意。他们会争抢着自发地蒙上眼睛，轮流猜测。往往在这时候，笑声会从孩子们中间不断传来。

摘自《蒙台梭利早期教育法》

PART 3 感官训练之触觉

给中国家长的话

事实上,热觉、重量感觉都属于触觉的感应范畴,因而我们的主要研究对象还是触觉。触觉是人体分布最广和最复杂的感觉系统。对于新生儿来说,触觉是他们认识外界的最主要渠道。所以,针对触觉的训练非常有必要,因为经过训练的触觉系统敏感程度和未经过训练的触觉系统敏感程度,完全不可比较。

在蒙台梭利的敏感期研究结果中,孩子的触觉敏感期主要为1～3岁。在此之前,家长要为孩子触觉发育做好基础准备,而在此之后,则要进行巩固练习,但最主要的训练时间,还是集中在1～3岁这个阶段。当然,具体到每个孩子身上还是略有差别的。

在具体训练方法上,我们的主要训练对象是手部的触觉感应。手是人体重要的感官器官之一,也是最重要的活动创造器官。通过对手部的训练,孩子的触觉敏感度和手部肌肉控制能力都会有很大的提高。相应的,这种提高会促进孩子的智力和创造力的发育。家长在设计、开展触觉游戏的时候,可以以手部触觉训练为主,兼顾其他身体部位的触觉训练。

我们后面会介绍一些触觉游戏训练的方法。它们很多是蒙台梭利曾经使用过的，也有许多是现代蒙氏教育专家根据中国儿童成长特点专门设计的，家长可以遵循使用。如果觉得数量不够或者对自己孩子的某个方面训练不到位，还可以自己设计一些。训练游戏的设计方面，我们可以借鉴蒙台梭利游戏的一些规律原则，如：

1. 触摸新的物体时，要同时告诉孩子物体的名称、属性，这样可以将知识认知与感官训练结合起来。把触觉和其他感官能力配合起来感知物体，是人类认识、识别物体的最主要方法。这也就是我们所说的"感知觉"。针对感知觉，下面我们会做一个专门的论述。

2. 向孩子介绍物品或者让孩子感受物品时，一般会延续一个顺序，或者从左到右，或者从上到下。每一次介绍或者感受都要缓慢而清晰，这样可以让孩子有充足的记忆时间。

3. 在游戏中，家长要尽量少说多做。即使需要用语言提示孩子，也最好做到简明扼要。整个过程要尽量由孩子独立完成，家长只要给他们做好示范，给予鼓励就可以了。

PART 3
感官训练之触觉

锻炼孩子的感知觉

感知觉前面我们已经略微进行过讨论。**所谓"感知觉"就是指用触觉来认识物体，对它进行练习的目的是提高我们通过感觉辨识物体的能力。**在过去的教育实践中，我们获得了令人瞩目的成就，这里对它进行详细的叙述。

我们最早用来进行感知觉练习的教具是福禄贝尔长方体和立方体。我们先让孩子们仔细观察这两个立方体，把它们牢牢记住。之后，就要求孩子在不看这两个立方体的情况下，把立方体放在右边，把正方体放在左边。完成这一步后，接下来我们要求孩子做的就是蒙住眼睛重复上述动作。一般情况下，经过两三次的重复，孩子们大多能准确地完成这一动作。这套教具总共有24个大小不等的立方体和长方体，所以孩子们要完成全部的练习需要花费一定的精力。但是毫无疑问的是，进行这项带有猜测意味的练习对于孩子来说是非常有趣的，尤其是在许多小朋友围观他的情况下更是如此。

我的同事曾经提醒我注意一个3岁大的女孩。作为我们机构里年龄最小的孩子，她居然能完美地完成上述练习。我安排她坐在桌边的一个很舒服的椅子上，把24块放在桌子上的立方体打乱，然后要求她注意这些立方体之间的差异。我对她提出要求：蒙上眼睛，把正方体放在右边，立方体放在左边。女孩蒙上了眼睛，按照之前我们曾经练习的，用手挨个摸了一遍立方体，然后把它们放在正确的位置上。有时候，女孩两只手拿到的都是正方体或者长方体，有时候会一手一种。不管是什么情况，她都做得分毫不差。仅仅靠感知觉就能做到这一点，对一个年仅3岁的孩子来说是多么不容易啊！

通过观察她的练习，我发现她虽然能很准确轻松地完成这一实验，但是在运用我们教给她的感知技巧时，她还是显得有些动作烦琐。例如，如果她恰巧是左手正方体、右手长方体的话，她会马上交换过来，然后再按照我们教给她的方法识别物体。这个多余的动作也许在她看来是非常有必要的。不过不管怎么说，她还是能够做到一把东西拿到手里就能马上准确识别出来。

PART 3
感官训练之触觉

　　这个案例让我在以后的教学训练中更注重同时对双手进行训练。

　　除了这个小女孩，我还在其他几个孩子的教学中使用了这个练习。我发现，他们往往能在感觉到物体的轮廓之前就准确识别出它。这一点在一些小的东西上表现得更加明显。

　　这个感知训练游戏我们可以通过调换很多细节来重复进行，平时使用的练习物体也可以是我们身边的小东西，例如玩具士兵、小球、不同面值的硬币，等等。在享受巨大乐趣的同时，孩子们将开始慢慢能够识别只有细微差别的小物体，比如玉米、小麦和水稻。

　　孩子们对这种不用眼睛就能"看"懂物体的能力很感兴趣。他们有时候甚至会伸出手愉快地喊："我可以用手'看'到东西，这是我的'眼睛'！"的确，即使这些孩子是在沿着我们预先设计好的道路成长，他们那惊人的进步也依然会让我们感到吃惊。当他们为这些新的感觉刺激所吸引的时候，我们也在带着好奇和沉思观察着他们。

摘自《蒙台梭利儿童教育手册》

给中国家长的话

感知觉其实并不是某种单一的感官感觉，而是人体大脑通过一种或者几种感官感知事物的一种认知感觉，可以说它是高于一般感官的、有潜意识逻辑参与的一种认知过程。对孩子的感知觉进行训练，也就是在训练他们把感官能力与思维能力相结合，是提高思维能力、促进智力水平发育的好办法。

※触觉感官训练游戏快乐营

➢ 音乐按摩

【游戏目的及适用年龄】

增强孩子对触感的灵敏度。适用于0~1岁的孩子。

【使用道具】

音乐播放机。

【我们一起做游戏】

1. 将孩子平放在床上或者摇篮里，双臂张开，打开音乐播放机，播放一些舒缓或者有趣的儿童歌曲，调动孩子的情绪，让他处于快乐之中。

PART 3
感官训练之触觉

2. 妈妈用手指给孩子进行按摩。从肩膀到手臂，再到手指；从腰部到腿部，再到脚趾……按摩要全方位进行。如此重复三到五次为止。

【父母的游戏笔记】

 听听专家怎么讲

　　这个游戏应该从孩子很小的时候就开始进行，因为越早展开类似的训练，对孩子的触觉感官成长越有利。除了这方面的作用，它还可以帮助孩子放松身体与心灵。在时间选择上，这个游戏最好在孩子吃饱休息一会儿后进行，进行的时候要确保孩子的情绪是愉快的。此外，在按摩时家长要注意力度，防止捏伤孩子。

➤ 挠痒痒

【游戏目的及适用年龄】

增强孩子对触感的灵敏度。适用于1～12个月的孩子。

【使用道具】

线头等柔软的东西。

【我们一起做游戏】

1. 将孩子平放在床上或者摇篮里，调动孩子的情绪，让他处于快乐之中。

2. 妈妈用手指轻轻接触孩子的脸颊，注意动作要非常轻柔，让指尖微微触碰，然后划过就可以。同时，嘴里念着儿歌："一抓挠，两抓挠，三抓挠不笑是牛宝宝。"

3. 保持孩子兴奋的状态，换用线头、柳树叶等轻柔的东西触碰孩子的脸颊。

PART 3
感官训练之触觉

【父母的游戏笔记】

_____
_____
_____
_____

 听听专家怎么讲

　　这个游戏的作用在于,通过触碰孩子的脸颊,让他体会不同物体触碰后的感觉差异。轻触、挠痒痒、讲儿歌,都是为了调动孩子的积极性,集中他的注意力。抓挠的部位除了脸颊,还可以是膝盖、臂肘等。在6个月以后进行这个游戏,父母还可以抓挠孩子的脚心,这会刺激孩子大力蹬踹,对促进他的腿部肌肉发育、帮助他学习走路很有帮助。

➢ 抓握小练习

【游戏目的及适用年龄】

增强孩子的触感灵敏度。适用于0～1岁的孩子。

【使用道具】

光滑的小玩意，例如小木棒、木块等。

【我们一起做游戏】

1. 将孩子平放在床上或者摇篮里，调动孩子的情绪。家长首先抚摸孩子的小手，然后将手指放入其掌心，让孩子紧紧抓住。

2. 将手指缓慢抽出，转而用已经准备好的小玩意替代，交给孩子，让他练习抓握。

【父母的游戏笔记】

_____

_____

_____

听听专家怎么讲

这个抓握练习能丰富孩子的触觉，锻炼孩子手部肌肉。刚开始的时候，我们是主动向孩子手里塞东西，当孩子大一点以后，我们就可以有意识地让孩子的抓握变得有意义。例如，给孩子喂水、喂奶的时候，我们可以慢慢尝试让孩子自己拿着瓶子。当然，这要等孩子1岁以后再进行。由于孩子的握力较小，所以给孩子抓握的东西要注意重量。如果是奶瓶、水瓶一类的东西，就要注意：1. 不能撒漏，以防孩子弄湿自己；2. 最好是用带有握把的瓶子，适合孩子逐渐练习、进步。

最后要注意的是，这个游戏里，家长要给孩子选择会引起他们兴趣的东西，除小木棒、木块以外，还可以是孩子平时喜欢的小玩具。

➢ 摸摸妈妈的脸

【游戏目的及适用年龄】

增强孩子手部触觉敏感度，与视觉配合认知人体器官部位，增进亲子感情。适用于1~12个月的孩子。

【使用道具】

无

【我们一起做游戏】

1. 让孩子仰躺在床上或者摇篮里，保持孩子精神愉悦。

2. 用双手拍打孩子手掌，做击掌状，诱发孩子兴趣。

3. 家长伏在孩子身前，用手引导孩子的小手去触摸大人的脸颊，一边触摸各种器官，一边轻声告诉孩子："这是眼睛，这是耳朵……"触摸到嘴的时候，可以响亮地亲吻一下孩子的手。

【父母的游戏笔记】

_____
_____
_____
_____

PART 3
感官训练之触觉

 听听专家怎么讲

对于1岁以内的孩子来说,这个温馨的游戏非常受他们的欢迎。触摸父母的脸颊,被父母亲吻手掌,会让他们感到无比幸福。科学已经证实,类似这样的亲吻、触摸是最有效的增进感情的方法。当然,这个游戏所能起到的作用也是非常显著的。轻柔的触摸和感情的交流,让孩子的触觉在此过程中得到很大的刺激与加强。父母一边引导孩子触摸一边告诉他们器官名称的做法,可以从视觉和触觉两方面着手,增强孩子感官联合认知的能力。

➢ 摸一摸,哪个软哪个硬

【游戏目的及适用年龄】

增强孩子对触觉的敏感程度,体会软硬的概念。适用于1~2岁的孩子。

【使用道具】

一些软硬各异的物品,如海绵、软木块、玻璃球等。

【我们一起做游戏】

1. 首先把准备好的物品放在孩子面前,然后让孩子依次拿起它们。每拿起一个,家长都要向孩子介绍物品的触感。例如:"这个是海绵,它摸上去软软的。"

2. 当孩子把所有物品都摸过一遍以后,再把两个软硬度差距较大的物品放在一起,让孩子触摸它们,做一个对比。

PART 3
感官训练之触觉

【父母的游戏笔记】

 听听专家怎么讲

　　软、硬的概念是相对较容易理解的,关键是要让孩子有一个对比的过程。因为这两者之间没有一个绝对的数值概念——至少对孩子来说没有。所以我们要让孩子有一个触觉的基础信息。

➢ 冷水热水摸一摸

【游戏目的及适用年龄】

增强孩子对温度变化的敏感程度。适用于1~2岁的孩子。

【使用道具】

两个小脸盆、冷水和热水。

【我们一起做游戏】

1. 在两个脸盆里分别装入热水和冷水。让孩子先把双手放在冷水里感受一下温度，然后再放在热水里感受温度，依此重复多次。

2. 让孩子把双脚放在冷水里感受一下温度，然后再放在热水里感受温度，依此重复多次。

3. 让孩子把双手浸入温水中，缓缓注入凉水，让孩子感受温度的变化。

【父母的游戏笔记】

_____

_____

_____

_____

听听专家怎么讲

很多孩子对于冷热的认知不是很明显,所以常会出现随意触摸热水杯,以至于烫伤的事件。其实,如果孩子能够提早进行类似这样的温度感知训练,这种悲剧就很容易避免。

在进行这个游戏训练时,比较关键的一点是冷热水温度的控制。水温不能太高或太低,以防冻伤或烫伤孩子。同时又要有明显的温差,这样才好让孩子感觉温度的变化。

➤ 手掌插插插

【游戏目的及适用年龄】

锻炼孩子手部触觉，体会摩擦的概念。适用于1~2的岁孩子。

【使用道具】

四个小铁盆，里面分别装着细沙、大米、黄豆和花生。

【我们一起做游戏】

1. 准备好道具，然后给孩子做示范：双手五指张开，依次插入四个小铁盆。

2. 让孩子重复这一过程，说一说手插入四个铁盆后有什么不同的感觉。

3. 双手插入装细沙的铁盆，手掌相对，夹出一把沙子，搓双手，让沙子落回盆里。在另外三个铁盆依次重复这个动作，然后让孩子说一说彼此间有什么不同。

【父母的游戏笔记】

_____
_____
_____
_____

PART 3
感官训练之触觉

 听听专家怎么讲

　　这个游戏旨在帮助孩子体会摩擦的感觉，同时体会不同物体会产生的不同的摩擦效果，所以我们应该尽可能多地为孩子寻找不同性质的材料进行游戏体验。需要注意的是，这一年龄段的孩子动作幅度比较夸张，一些喜欢玩闹的孩子会用很大力气去搓，一不留神就会伤到孩子稚嫩的皮肤，所以家长要尽量避免这种情况的发生。

➤ 撕纸

【游戏目的及适用年龄】

锻炼孩子手部触觉,体会"力"的概念,促进手部精细动作能力发展。适用于1~2岁的孩子。

【使用道具】

几种不同的纸,例如报纸、普通打印纸、皱纹纸、包装硬纸盒等。

【我们一起做游戏】

1. 把准备的纸张裁成30厘米×30厘米的方块,引导孩子分别触摸几种纸的表面,感受粗糙的程度。

2. 给孩子做示范:把纸撕成小条,纸条宽窄相对均匀。在撕几种纸的同时,让孩子感觉不同纸撕裂时的手感和声音,体会它们之间的不同。

PART 3
感官训练之触觉

【父母的游戏笔记】
_____
_____
_____

 听听专家怎么讲

　　由于制作工艺不同，纸的质地分为很多种，撕裂的时候也是手感、难度各异。所以，通过这个游戏可以锻炼孩子的手部触觉，丰富孩子不同的触觉体验。把纸撕碎很简单，但要把纸撕成宽窄相近的纸条，就需要手对精细动作有一定的控制力，这也是一个锻炼的过程。

　　在进行这个游戏的过程中，要注意不能让孩子把纸吞下去，防止发生危险。

➢ 一起做果泥

【游戏目的及适用年龄】

锻炼孩子手部触觉的敏感程度，促进肌肉发育。适用于2～3岁的孩子。

【使用道具】

几种不同的食材，例如土豆、胡萝卜、红豆等。

【我们一起做游戏】

1. 在给孩子吃果泥或者类似食物时，激发他们自己制作的兴趣，如父母可以说："豆沙馅儿好不好吃？我们来自己做一些吧！怎么样？"

2. 与孩子一起将食材煮熟。在煮以前，要让孩子分别抓握体验一下食材的软硬和手感。

3. 将煮熟的食材放凉，与孩子一起用工具将其捣碎，然后再让孩子将它们用手揉成泥。在此过程中，家长可以为孩子提供帮助，一起完成该步骤。

【父母的游戏笔记】

_____

_____

PART 3
感官训练之触觉

 听听专家怎么讲

许多用手做过果泥的人都有这个感觉：用手抓果泥、豆沙馅儿或者肉馅儿有与平时接触物体完全不一样的手感。事实上，抓揉类似这样柔软湿润且能全方位包裹手的食材，能够对手部的触觉起到极大的刺激作用，所以我们完全可以通过这个游戏来提升孩子的触觉敏感度。唯一需要注意的是，刚刚煮好的食材很烫，容易伤害到孩子，所以要多加小心。

➤ 给布片找朋友

【游戏目的及适用年龄】

帮助孩子锻炼手指的触觉。适用于3岁左右的孩子。

【使用道具】

准备三块长方形木板，一块被电光纸包裹，一块被细砂纸包裹，还有一块被电光纸和细砂纸交替包裹。小块布料五六种，每种准备两小块，比如天鹅绒、丝绸、羊毛毯、棉布、粗糙亚麻和精细亚麻等。

【我们一起做游戏】

1. 让孩子蒙上眼睛，依次触摸三块木板，让孩子体会粗糙与光滑之间的差别。

2. 解开孩子眼睛上的蒙布，让孩子观察三块木板之间的差别，体会粗糙与光滑之间差异的原因。

3. 抚摸布块，体会各种布之间的手感差异。

4. 蒙上眼睛，抚摸布块，把同种布块挑选出来两两放在一起。

【父母的游戏笔记】

_____

_____

PART 3
感官训练之触觉

 听听专家怎么讲

　　这个小游戏是蒙台梭利在"儿童之家"中进行的。其中触摸三块木板的步骤是对孩子进行触觉培养的第一步,分辨布料则是触觉培养的进阶。要注意的是,在做这个小游戏时,父母尽量不要给孩子解释,而应该让孩子通过手指的触摸去认真体会。通过触摸并感受这些不同的感觉,孩子不仅提高了自己辨别各种渐趋相似、却略有不同的触觉的能力,还提高了控制自己动作的能力。

➤ 比比哪个重

【游戏目的及适用年龄】

让孩子体会细微的重量差异,培养重量感觉。适用于2.5~3岁的孩子。

【使用道具】

一些小的矩形板材,它们形状大小各不相同,重量差异明显。

【我们一起做游戏】

1. 让孩子拿起一块小板子,摊开手掌将其放在手掌中央。

2. 让孩子拿着板子的小手轻微地上下掂称量物体。掂的动作必须轻微,这样才能真正细致地体会物体的重量。

3. 让孩子两只手各掂一块小板子,对比两块板子的重量大小。刚开始,给孩子的两块板子重量差异要较大,后面差异越来越小,掂的动作也越来越轻微。

4. 把小板子们按重量排序。

PART 3
感官训练之触觉

【父母的游戏笔记】

_____
_____
_____
_____

 听听专家怎么讲

蒙台梭利设计的这个训练游戏主要是为了让孩子体会重量的差异,尤其是对一些明显的重量有一个预估的能力。很多孩子都出现过从桌子上拿东西,结果拉倒重物被砸伤的情况。这个游戏能够让孩子知道重量的概念。此外,这个游戏还有另外一个"额外"用处:锻炼孩子的手部精细动作。

➤ 玩沙子

【游戏目的及适用年龄】

让孩子体会细微的重量差异，培养重量感觉，培养孩子的触觉敏感度。适用于2~3岁的孩子。

【使用道具】

干沙子和潮湿沙子各一堆，几只一样的塑料小桶。

【我们一起做游戏】

1. 与孩子一起用手抓玩两堆沙子，体会干沙子和湿沙子的手感差异。

2. 用湿沙子把孩子的一只手埋起来，压实，让孩子尝试慢慢把手从中抽出来，不要破坏沙盖。在此过程中，感受压实的湿沙和松软的湿沙之间的手感差异。

3. 在小桶里分别装上三分之一、一半和满桶的沙子，让孩子将它们按照重量从大到小的顺序排列起来。依次倒出小桶里的沙子，比较几个小沙堆之间大小的差异，向孩子讲述数量多少与重量大小的关系。

【父母的游戏笔记】

PART 3
感官训练之触觉

 听听专家怎么讲

　　玩沙子是几乎所有孩子在2～3岁时的最爱，其中很大的一个原因是他们能够通过沙子感受发挥想象力随意塑形的乐趣，而且沙子细腻的手感会让孩子在感官上获得极大享受。与孩子一起玩沙子，能有效增进亲子间的感情。做本游戏训练时，家长要寓教于乐，把重量感觉练习、手部触觉练习融进游戏中，让孩子有一个欢乐的亲子时光。

➢ 光着脚丫踩踩踩

【游戏目的及适用年龄】

增强脚部的触感灵敏度，促进孩子脚部神经发育。适用于2～4岁孩子。

【使用道具】

不同材料、质感的布料。

【我们一起做游戏】

1. 脱去孩子的鞋和袜子。将一块布料平铺在地板上，让孩子走上去感觉质感。

2. 更换布料，让孩子体会不同触感之间的区别。

3. 让孩子站在不同材料物体的上面。比如光脚站在地板砖、木凳子、泡沫地垫、木质地板等的上面，体会不同材质物体间的触感差异。

PART 3
感官训练之触觉

【父母的游戏笔记】

 听听专家怎么讲

　　这种游戏可以很好地促进孩子足部神经和触感的发育。在生活中,我们还可以带孩子去很多户外的场所进行类似的体验,比如去水泥路、石板路、沙坑甚至草地上行走。这可以提升孩子的认知度,同时让孩子更加亲近大自然。

➤ 挑选小木棒

【游戏目的及适用年龄】

锻炼孩子的感知觉,运用手部的触觉来判断粗细。适用年龄为2~3岁。

【使用道具】

一把小木棒,木棒有粗有细分为多个规格。注意最粗的和最细的要各仅有一根。

【我们一起做游戏】

1. 与孩子一起玩小木棒,通过观察、抚摸了解这一组木棒的具体情况。

2. 把小木棒用一个橡皮筋捆起来,装在一个宽松的小布袋里,让孩子伸手进去,通过触摸找出最细的一根。

3. 找到最细的一根后,再找最粗的一根。

【父母的游戏笔记】

_____

_____

_____

PART 3
感官训练之触觉

 听听专家怎么讲

　　这个游戏锻炼的是孩子通过触觉建立物体立体感官的能力。用布袋装起木棒组,可以排除除触觉以外的其他感官的干扰,最大效力地让孩子将注意力集中在触觉训练上。这种练习进一步发展,就是我们后面提到的孩子再略大一点后玩的"神奇的口袋"。

　　在这个小游戏的基础上,我们曾经做过一些简单的变化,以增加一点难度:将木棒换成不同材质的短棒。例如铁质短棒和玻璃短棒,将它们与木棒混合在一起,放在布袋内,让孩子区分不同。这种区分就涉及表面触感的变化和重量变化等多个方面,对锻炼孩子的触觉感官也非常有帮助。

➤ 神奇的口袋

【游戏目的及适用年龄】

锻炼孩子的感知觉，运用手部的触觉来判断物品的种类。适用年龄为2~3岁。

【使用道具】

一个小书包，一些零散的小玩具或者小物件。比如：积木、橡皮、钥匙、硬币、小玩具人偶，等等。

【我们一起做游戏】

1. 与孩子一起玩准备好的小玩具或小物件，保证没有孩子不认识的东西。

2. 将一个东西装入小书包（此过程不能让孩子看到），然后让孩子伸手进去，通过触摸猜测装进小书包的是什么。

3. 把所有小玩具全部放入书包。父母先说一个物品的名字，然后让孩子伸手到口袋里摸索，仅凭手部触觉找出父母说的东西。

PART 3
感官训练之触觉

【父母的游戏笔记】

 听听专家怎么讲

　　这个游戏旨在培养孩子仅仅通过触摸就能在大脑中建立三维立体印象,进而判断物品种类的能力。许多孩子长大后立体几何成绩较差,根本原因就是这种三维立体想象能力没有建立起来。所以,我们应该从孩子小时候就注意锻炼这种能力。

　　要注意的是,在做这个游戏时,选取的物品一定要保证清洁安全,不能带棱带角,更不能有刀刃之类存在。曾经有老师在做这个游戏时,放入小钢尺,结果把孩子手划伤了。我们在做游戏准备时,要注意从根本上杜绝类似情况的出现。

➤ 听一听，纸筒里的宝贝是什么

【游戏目的及适用年龄】

让孩子运用听觉、触觉，判断物体性质。适用年龄为3~5岁。

【使用道具】

一组5个硬纸筒，例如羽毛球包装桶或者大号牙膏盒；5个小的、不同质材的物体，例如一团小棉花、一个小木球、大小两个小钢珠、一个塑料块，等等。

【我们一起做游戏】

1. 给孩子分别观察准备的不同材质物体，可以让他们拿起来看、触摸等。

2. 把5个小物体分别放入5个纸筒中，不要让孩子知道哪个纸筒里放的是什么。让孩子挨个摇晃、倾听纸筒，判断纸筒里放的物品种类。

【父母的游戏笔记】

_____
_____
_____
_____

PART 3
感官训练之触觉

 听听专家怎么讲

感知觉的锻炼带有很大的猜谜性质,所以很容易就能引起孩子的兴趣。类似这样的练习,在生活中我们可以做很多。根据蒙台梭利的训练原理,我们只要掌握三种方法,就可以很好地锻炼孩子的感知觉了。它们分别是:

1. 一致性识别。例如将相似物体配对,或将物体插入适合它的位置中。

2. 对比性识别。例如,区分不同物体。

3. 相似物体的区分。例如,区分相似的,只在大小或者形状、表面光滑度等方面有细微差别的物体。

➢ 摸一摸，有什么

【游戏目的及适用年龄】

锻炼孩子的感知觉，运用手部的触觉来判断物品的种类。适用年龄为3~5岁。

【使用道具】

一块厚厚的棉布，大小在30厘米×30厘米以上；一些孩子生活中常见的小东西，比如自己的小碗、铅笔、闹钟等。

【我们一起做游戏】

1. 与孩子一起玩一玩准备好的小玩具或小物件，保证没有孩子不认识的东西。

2. 将一个东西放在桌子上，用棉布盖起来（此过程不能让孩子看到），然后让孩子通过隔着棉布触摸猜测棉布下面是什么。

【父母的游戏笔记】

_____

_____

_____

_____

听听专家怎么讲

这个游戏是前面"神奇的口袋"小游戏的进阶篇,作用是锻炼孩子的触摸感知力。与"神奇的口袋"相比,由于这个游戏中孩子需要隔着厚厚的棉布猜测下面物体的种类,所以孩子只能通过对物体大致轮廓的感知给想象力提供素材,这无疑更有难度,适合大一些的孩子玩耍。

要注意的是,这个游戏中放在棉布下面的东西在形状上一定要有特色。例如,我们可以放孩子熟悉的小汽车,可以放三角形的积木,可以放小手枪等,这样孩子才能很好地猜测摸到的是什么。如果我们放置一些特色不明显的东西,或者放置的东西形状相近:玻璃水晶球和保健铁球,孩子恐怕就很难区分它们到底是什么了。这种做法只能给孩子的认知造成误导。

PART 4
感官训练之味觉、嗅觉

味觉与嗅觉训练应该融入生活

味觉与嗅觉训练应该融入生活

对幼儿的味觉、嗅觉进行训练是非常困难的，往往花费大量精力还很难取得令人满意的效果。这主要是因为孩子嗅觉发育的进步状况并不明显，而要想用这种感觉来吸引他们的注意力格外困难。

在教学中，我们曾经尝试过一种方法，但是因为种种原因，它还并不能算作是一种成熟的训练方法。具体操作过程是：首先，我们会让孩子仔细去闻各种鲜花的气味，比如紫罗兰、茉莉花等。等孩子熟悉了这些花的味道，我们就蒙上他的眼睛，让他猜测我们伸到他鼻子下面的究竟是什么花。训练气味的浓度识别方面，我们可以用加减花的数量来实现。

味觉训练和嗅觉训练可以利用午餐时间进行，许多孩子都是在这

PART 4
感官训练之味觉、嗅觉

个时间段学会识别不同气味的。说到味觉训练,最简单的训练方法是提供各种不同味道的液体让孩子去尝,比如酸、甜、苦、咸几种液体都要有。我的学生里,4岁以上的孩子都很喜欢这个游戏,这也促使他们养成了勤于漱口的习惯。因为在尝试过各种味道的液体后,都要用温水仔细漱口,所以久而久之也就养成了漱口的习惯。从某个角度来说,味觉训练也可以算作是卫生训练了。

摘自《蒙台梭利儿童教育手册》

给中国家长的话

蒙台梭利对孩子味觉发育的认识是有一定偏差的,在她看来,从三四岁的时候对孩子进行味觉训练就可以了。可事实上,现代研究发现,这个时间应该大大提前。当然,她对孩子味觉训练的关注依然值得我们重视。

现代医学研究表明,孩子味觉的觉醒,仅仅比视觉和听觉晚,而且它发育得很快,出生6个月的时候就已经接近发育完全了。所以,要想刺激孩子的味觉发育,在孩子6个月到18个月之间对孩子进行训练最为合适。早期可以培养孩子的味觉敏感程度,后期则可以在培养味觉敏感程度的同时,与语言发育联系起来。如果不在这一阶段加强重视,让孩子多进行味觉锻炼,那么就很可能会出现味觉刺激不够,导致味觉弱化,甚至不喜欢某种味道的情况。

孩子的味觉对各种味道的接受是有一定的先后顺序的。一般而言,孩子最早会对甜味比较敏感,这与乳汁含有微微甜味有关。甜味柔和,不会对孩子的口腔和肠胃造成刺激,可以补充孩子所需要的能量,所以最符合孩子成长需求。接下来孩子接受的是咸、酸、辣、麻等,最后才是苦味。

嗅觉方面,孩子发育也很早。可以在训练孩子味觉的同时,展开嗅觉的练习。不过,因为气味与味道相比更细致、微妙,所以这个训练可以适当延后,在孩子能够用语言进行表达的时候再大力开展。

※味觉、嗅觉训练游戏快乐营

➤ 奶粉味道有很多

【游戏目的及适用年龄】

锻炼孩子的味觉灵敏度,分辨不同味道种类。适用年龄为3~12个月。

【使用道具】

奶粉。

【我们一起做游戏】

1. 给宝宝准备一些平时不常吃的奶粉,在孩子略感到饿的时候给他少量喂食。

2. 喂奶粉的时候,要柔声告诉孩子:"宝宝,咱们换一种口味尝

PART 4
感官训练之味觉、嗅觉

一尝好不好?喝一喝,这个奶粉的味道不一样哦!"

【父母的游戏笔记】

_____
_____

 听听专家怎么讲

不管孩子是喝奶粉还是喝牛奶,都需要阶段性地换一换"口味"。从营养学角度来看,食用奶粉的孩子平均每3～5个月就应该换一次奶粉;从味觉发展角度来看,经常给孩子换一换奶粉,或者偶尔添加一顿其他口味的奶粉,也是很有必要的,因为这是对幼儿味觉的一个很好的刺激。不过要注意的是,如果不是决定阶段性地给孩子换奶粉,而是给他"尝一尝",那么奶粉的量一定不要多。如果是阶段性换奶粉,最好新老奶粉掺杂交替,逐渐过渡到新奶粉,否则突然大量换,容易引起孩子腹泻。

➢ 闻气味

【游戏目的及适用年龄】

锻炼孩子的嗅觉灵敏度。适用年龄为3~12个月。

【使用道具】

三种分别散发酸味、甜味和咸味的食品。

【我们一起做游戏】

1. 从三种食品中任意取出一样,放在孩子的鼻子下面来回摇动3次,每次间隔大约10秒钟。摇晃的同时,告诉孩子食物气味的种类,例如:"宝宝,来闻一闻这个甜味的蛋糕……"

2. 一种食物摇三次以后,更换另一种食物重复上述动作,一直到三种食物全都使用完毕为止。

3. 在给孩子闻气味的时候,要注意孩子的表情动作。针对不同的味道,孩子会表现出不同的反应。如果没有反应,就要调整食物气味的浓烈程度或者与孩子鼻子之间距离。

【父母的游戏笔记】

_____

_____

PART 4
感官训练之味觉、嗅觉

 听听专家怎么讲

  这个年龄段的孩子还不会用语言表达闻到的气味究竟是什么，但是却可以用表情告诉我们他是不是喜欢这个气味。虽然年龄小，但是孩子也像成人一样有自己喜欢的气味和不喜欢的气味。一些成人讨厌的气味，例如刺鼻的化学气味，孩子也很讨厌。我们发现，许多孩子对太过浓郁的香皂就很反感。这些气味我们就应该尽量不让孩子过多接触。

  生活中我们也许对某些特殊气味很习惯了，例如空气清新剂的味道和香水的味道，可是孩子却不一定喜欢。当孩子初次接触这些气味时，我们要注意孩子的表情。事实上，从保护孩子嗅觉和促进嗅觉灵敏度发育的角度来看，我们还是应该让孩子尽量生活在气味清淡、单纯的地方比较好。

➢ 什么味道的果泥更好吃

【游戏目的及适用年龄】

锻炼孩子的味觉灵敏度,分辨不同味道种类。适用于5个月以上的孩子。

【使用道具】

各种口味的果泥。

【我们一起做游戏】

1. 孩子能够吃果泥以后,找一个孩子略显饥饿的时候,准备一些不同口味的果泥,如苹果泥、香蕉泥等,分装在不同的小碗里。

2. 用汤匙依次从每个小碗里挑一点果泥给孩子尝一尝,问一问孩子最喜欢哪种口味,同时告诉孩子这些果泥分别是什么水果做的。

【父母的游戏笔记】

_____
_____
_____
_____

听听专家怎么讲

　　果泥是最早添加给孩子的辅食。各种口味的果泥对促进孩子味觉发展有很大的好处。与每次只单纯食用一种果泥相比，类似这种多种果泥同时尝一尝的方法更能有效刺激孩子味蕾发育，让他尽早产生"食物有不同口味"的观念，同时逐渐能够分辨不同口味间的差异。

➤ 酸甜苦辣尝一尝

【游戏目的及适用年龄】

锻炼孩子的味觉灵敏度，分辨不同味道种类。适用年龄为8～18个月。

【使用道具】

可食用清水和各种可以溶于水的纯味道调味品。

【我们一起做游戏】

1. 用清水和调味品调配各种味道的溶液放在玻璃杯里，用筷子分别蘸各种溶液，让孩子一一品尝。每品尝一种滋味的溶液，就要告诉孩子这是什么滋味。每次更换不同味道的溶液，都尽量让孩子漱口，更换筷子。

2. 让孩子用筷子品尝溶液，然后引导他们说出溶液的味道。

3. 将一些味道刺激性小的调味品两两混合溶解在一起，口味要相对较淡，让孩子分辨溶液是什么口味的。

PART 4
感官训练之味觉、嗅觉

【父母的游戏笔记】

_____

_____

 听听专家怎么讲

　　民间有种说法，孩子在1周岁以内尝遍各种味道，将来就不会偏食。这个论断是否正确我们无法判断，但是让他们在1岁左右多多尝试各种味道，不仅可以让孩子的味觉感官得到锻炼，而且的确能促进孩子的食欲，锻炼他们的语言能力。

　　在这个小游戏中，有几个要点需要注意：1. 给孩子品尝的溶液浓度不能过高，一些强刺激性的调味品，比如麻、辣，更是浅尝辄止，因为孩子的味蕾还处于发育状态，过于强烈的刺激会对它们造成伤害；2. 品尝单种溶液时，要做到味觉隔离，即每品尝一种都让孩子漱口，更换筷子；在此过程中，我们可以引导孩子学习漱口。

➤ 美味菜汤

【游戏目的及适用年龄】

锻炼孩子的味觉,分辨不同食物的味道,帮助孩子适应成人食物。适用于年龄为8个月左右的孩子。

【使用道具】

家常菜菜汤。

【我们一起做游戏】

1. 吃饭的时候,用筷子蘸菜汤点在孩子的嘴里,让他品尝菜汤的味道。观察孩子的表情,看他是不是能够接受这种味道。

2. 挑选孩子喜欢的菜汤,用馒头蘸着喂给孩子,同时告诉他这种菜汤的味道。

【父母的游戏笔记】

_____

_____

_____

_____

听听专家怎么讲

给孩子增加辅食,帮助他由乳品为主要食物向成人饮食过渡。这期间,刺激孩子味蕾发育,使他慢慢适应各个口味是很重要的一个环节。而且,在孩子吃饭的时候对他的味觉进行锻炼,是有多重效果的:丰富孩子的饮食多养性,促进味蕾,防止孩子长大偏食,等等。

需要注意的是,这一阶段的孩子味蕾还很脆弱,容易被强刺激性食物弄伤,所以给他选择食物菜汤的时候还是应该以刺激性小、口味清淡为主。

➢ 闻气味，辨味道

【游戏目的及适用年龄】

锻炼孩子的嗅觉灵敏度，分辨不同味道种类。适用于年龄为1~2岁的孩子。

【使用道具】

蜂蜜、食醋、柠檬汁、浓缩桃汁。

【我们一起做游戏】

1. 孩子在餐桌前坐好，准备好四种食物，分别放在孩子面前。注意食物离孩子要有一定距离，不能让他同时闻到四种气味。

2. 让孩子分别闻一闻四种食物的气味，让他尝试两两分类：酸的柠檬汁和食醋算一类，甜的浓缩桃汁和蜂蜜算一类。

3. 让孩子一边闻气味，一边用筷子蘸着品尝，加深印象。同时，父母要详细介绍四种食物的名字和用途。

PART 4
感官训练之味觉、嗅觉

【父母的游戏笔记】

 听听专家怎么讲

　　虽然不同食物散发出的香气是不同的,但同系的气味还是有共同点的。这个游戏中,我们就是要锻炼孩子嗅觉的总结分类能力。当然,在此过程中也有帮助孩子细分同系气味的细微差异和认识不同食物的作用。

　　要注意,这一年龄段的孩子较为好动,喜欢触摸所有引起他们兴趣的东西,所以注意不要让他们碰倒训练用的食材。

➤ 尝一尝，哪个浓来哪个淡

【游戏目的及适用年龄】

锻炼孩子的味觉灵敏度，分辨同一味道的浓淡。适用年龄为6~18个月。

【使用道具】

可食用清水，酸、甜两种纯味调味品。

【我们一起做游戏】

1. 在一杯清水中加入一种调味料，味道要尽量淡，然后给孩子尝，注意他的表情。

2. 向溶液中加入更多的同种调味料，增加浓度，给孩子尝，观察他的表情。家长可以通过一些语言或动作引导孩子，告诉他味道重了。

3. 换一杯清水与另一种调味料，给孩子尝。逐渐增加浓度，让孩子体会差异，看孩子更喜欢哪种味道。

【父母的游戏笔记】

_____

_____

_____

_____

听听专家怎么讲

体会味道的浓淡是味觉训练中比较重要的一环。在给孩子品尝滋味浓淡的时候,除了添加调味料以外,还可以准备好几个杯子,放入不同浓度口味的溶液,给孩子依次品尝,这样形成的刺激和对比要更加强烈一些。

要注意,给孩子进行这种游戏训练时,不能给他过于浓的溶液,不管是酸的、甜的,还是苦的,都不行,否则会伤害孩子的味蕾。此外,刺激性的溶液口味也不要给孩子品尝。

➢ 闻一闻,哪个浓来哪个淡

【游戏目的及适用年龄】

锻炼孩子的嗅觉灵敏度。适用年龄为6~18个月的孩子。

【使用道具】

可食用清水、白醋。

【我们一起做游戏】

1. 首先让孩子闻一闻白水——没有气味。在水中加入一点白醋,味道要尽量淡,再给孩子闻一闻。

2. 加入更多的白醋,增加浓度,继续给孩子闻,引导孩子对比之前的气味,看有什么差别。

3. 给孩子提供不同种类的浓溶液,例如酸味的溶液和甜味的溶液,让孩子分别闻一闻不同溶液间有什么差别。

4. 与孩子一起从不同种类、不同浓度的溶液中找到孩子最喜欢的一种。

【父母的游戏笔记】

_____

_____

PART 4
感官训练之味觉、嗅觉

 听听专家怎么讲

　　体会气味的浓淡是嗅觉训练中比较重要的一环,这与上面我们进行的味道浓淡的训练类似。在做这个游戏的时候,要注意采取正确的闻气味方式:把杯口放在鼻子前三四厘米的地方,用手扇动杯口,让杯口散发的气体飘进孩子的鼻子里。这样,可以避免过强气味刺激孩子嗅觉。

　　同样要注意的是,给孩子进行训练时,不能用气味刺鼻的材料,否则不仅会伤害孩子的嗅觉神经,还会让他对这种游戏训练产生反感。

➢ 啃啃小脚丫

【游戏目的及适用年龄】

锻炼孩子的味觉和触觉灵敏度。适用年龄为3～18个月。

【使用道具】

无。

【我们一起做游戏】

1. 孩子洗漱完毕后，让他平躺在床上，抚慰一会儿，保持孩子情绪愉快。

2. 挠一挠孩子的脚心，让他把触觉注意力向足部集中。然后慢慢抬高他的一只脚，让脚尖触碰孩子的鼻尖和下巴。

3. 当孩子适应了脚高抬的动作后，引导他的脚触碰嘴唇。这时候，孩子往往就会张嘴啃咬脚丫了。

4. 做完这一动作后，换另一只脚丫重复上面的练习。

PART 4
感官训练之味觉、嗅觉

【父母的游戏笔记】

 听听专家怎么讲

人对自我触摸的行为往往非常敏感,所以让孩子啃咬自己的小脚,可以有效地促进孩子的味觉和触觉同步发展。生活中很多1岁左右的孩子非常喜欢吃手,很大程度上就是出于同样的原因。

此外,几个月大到1岁左右的孩子还有一个通过味觉发展自身动作和认识外部世界的过程,所以我们经常看到这个年龄段的孩子会抓到什么就往嘴里送什么。这是很正常的。如果家长强硬地打断了孩子的这个探索过程,就会让孩子的味觉发展出现断档,对他们将来的发展产生一定负面干扰。

➢ 苦苦的苦瓜，也好吃

【游戏目的及适用年龄】

锻炼孩子的味觉灵敏度，使他适应苦味。适用年龄为1~2岁的孩子。

【使用道具】

苦瓜、一些甜味的食物。

【我们一起做游戏】

1. 把苦瓜用开水焯一下，然后做成菜，尽量减少苦味。

2. 给孩子喂食苦瓜做的菜。可以先给孩子用筷子蘸菜汤尝一尝，如果孩子不过分反对，就开始给他慢慢添加。如果孩子强烈反对，就给他一点甜的食物作为缓和，然后再想办法给他苦味更淡一点的，例如用水把菜汤稀释后喂给孩子吃。

3. 孩子能接受苦味以后，逐渐在饮食中加入苦味的食物。

PART 4
感官训练之味觉、嗅觉

【父母的游戏笔记】

 听听专家怎么讲

　　孩子一般不喜欢苦味的东西，这是人类的天性。在味道分辨小游戏中，当吃到苦味的东西时，孩子一般都会"愁眉苦脸"。

　　味觉训练不仅要锻炼孩子的味觉灵敏度，还要拓宽孩子对味道的接受广度。这个游戏中我们提议孩子尝试苦瓜，等孩子再大一些，到3岁以上的时候，还可以培养他逐渐接受辣味等味道。

➤ 猜水果

【游戏目的及适用年龄】

锻炼孩子的味觉灵敏度，拓展孩子通过味觉获得的感知觉。适用年龄为1~2岁。

【使用道具】

生活中常见的水果，例如苹果、香蕉、梨、火龙果等。

【我们一起做游戏】

1. 首先与孩子一起认一认这些水果都是什么，尝一尝这些水果的味道，然后用眼罩遮住孩子的眼睛。

2. 将切成小块的水果取一块喂给孩子，让孩子仔细品尝这是什么水果，引导孩子告诉家长。

3. 如果孩子说对了，要马上给予鼓励。如果说错了，就告诉他正确的答案。

4. 当所有水果全部品尝一次以后，重复第2步，并尝试增加一些水果种类。

【父母的游戏笔记】

PART 4
感官训练之味觉、嗅觉

 听听专家怎么讲

  对于1到2岁的孩子来说,认识不同的水果,记住不同水果的口味,是一件非常有趣的事情,也能够吸引他们的注意。在品尝水果的过程中,孩子很容易就能表现出明显的好恶——哪些水果他喜欢,哪些不喜欢。不要强迫孩子再次品尝他不喜欢的水果,可以换个方法制作一下,例如做成沙拉等。

  猜对水果品种后,还可以进一步加深游戏难度,例如让孩子尝试说出水果的颜色和形状,这对提高孩子的语言表达水平、锻炼孩子的记忆力很有帮助。

➢ 闻一闻,这是什么水果

【游戏目的及适用年龄】

锻炼孩子的嗅觉灵敏度,拓展孩子通过嗅觉获得的感知觉。适用年龄为1.5~3岁。

【使用道具】

生活中常见的水果和蔬菜,例如青椒、大葱、韭菜、白菜、苹果、香蕉等。

【我们一起做游戏】

1. 首先,与孩子一起闻一闻这些他已经很熟悉了的水果和蔬菜。其中蔬菜的气味尤其要仔细闻,因为水果大多生食,孩子比较熟悉,蔬菜却不行。

2. 当孩子大致记住了各种水果和蔬菜的气味后,给他们蒙上眼睛,一边闻闻不同果蔬的味道,一边猜果蔬名,并讲讲口感和味道,说说颜色。

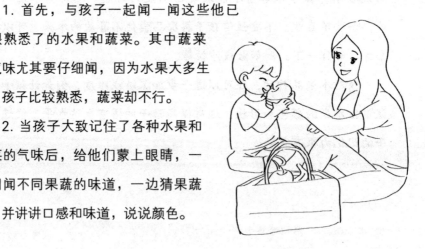

PART 4
感官训练之味觉、嗅觉

【父母的游戏笔记】
_____
_____

 听听专家怎么讲

我们知道，几个月到1岁左右的孩子有一个依靠味觉认识世界的过程，虽然嗅觉没有如此明显的过程，但提升孩子依靠嗅觉认识、辨别世界的能力也必不可少。这个游戏就能实现这一目的。与上面通过味觉辨别水果的游戏相比，这个游戏的难度相对较高一些，因为这一年龄段的孩子嗅觉辨识能力要略低于味觉，所以这个游戏比上一个可以稍晚一点进行。

要注意的是，孩子的嗅觉比较敏感脆弱，如果闻到太过刺激的气味，会引起他的反感，这种反感甚至会持续很长时间。所以一些气味刺激性较强的食物，要么不参与到这个游戏中来，要么与孩子的鼻子保持一定的距离，以防出现负面的后果。

➤ 这个气味真不好

【游戏目的及适用年龄】

锻炼孩子的嗅觉灵敏度,拓展孩子的嗅觉体验。适用年龄为1.5~3岁。

【使用道具】

一些发霉的食物或者衣物等。

【我们一起做游戏】

1. 准备一些发霉的食物,与孩子一起观察它与正常食物之间的区别。

2. 让孩子闻一闻发霉食物的气味,告诉孩子这种气味的由来,以及这种气味的食物是不能食用的。

【父母的游戏笔记】

_____
_____
_____
_____

PART 4
感官训练之味觉、嗅觉

 听听专家怎么讲

　　这个游戏除了对孩子的味觉感官进行锻炼外,还有一个目的是帮助孩子对一些特殊的、有危险的气味进行识别,然后在生活中能够及时躲开这些危险品。对于孩子来说,能够识别这些危险气味是非常有意义的。曾经就出现过孩子通过嗅觉发现家里煤气泄漏,避免灾难发生的事情。

　　不过要注意的是,由于特殊气味的危险程度,在给孩子做这个游戏的时候,我们应该尽量用一些可以替代的气味做说明,告诉孩子,这种气味的食物不能吃,不能闻,一旦发现要及时告诉家长——这是比较关键的!

➢ 吃肉小超人

【游戏目的及适用年龄】

锻炼孩子的味觉，帮助孩子适应肉类食谱。适用年龄为1.5~3岁。

【使用道具】

猪肉、羊肉、牛肉、鸡肉。

【我们一起做游戏】

1. 家长用清水将四种肉分别煮熟，放少量的盐和调料，不要让太多的香料掩盖肉本身的味道。

2. 将肉切成小块，分别装在四个碟子里，喂给孩子品尝。家长一边喂给孩子，一边介绍每种肉的种类。介绍有独特味道的肉时，要告诉孩子这种味道是什么，例如吃羊肉时要告诉孩子："这是羊肉，它有点膻的味道。"

3. 引导孩子说出对这几种肉的感觉。

【父母的游戏笔记】

_____

_____

_____

PART 4
感官训练之味觉、嗅觉

 听听专家怎么讲

　　对于孩子来说，肉类食物的摄入在1岁左右就应该开始了。最先补充给孩子的以鱼虾等白肉为主，然后再缓慢扩展到猪肉、羊肉、牛肉等。这些肉类的味道各不相同，而且它们的味道中还有很难说清的独特味道，例如羊肉很"膻"。这种细微味觉的差异需要家长悉心引导，才能让孩子很清晰地体会到。

➢ 辨别调味料

【游戏目的及适用年龄】

锻炼孩子的嗅觉灵敏度，拓展孩子通过嗅觉获得的感知觉。适用年龄为3~6岁。

【使用道具】

花椒、八角、桂皮、孜然。

【我们一起做游戏】

1. 准备好各种调料，与孩子一起认识这些调料。闻一闻它们的气味，让孩子记住这些气味。

2. 蒙上孩子的眼睛，让他闻某种调料的气味，说一说这是什么调料。

【父母的游戏笔记】

_____

_____

_____

_____

听听专家怎么讲

注意,给孩子准备调料的时候最好不要用调料粉,应该选择原形态调料,这样更有利于孩子学习、认识调料的种类,拓展知识面。

在学习、记忆调料味道的时候,可以把调料交给孩子,让孩子通过触觉、嗅觉和视觉混合作用记忆,这样更容易帮助孩子形成深刻的嗅觉记忆。此外,给孩子提供调料的时候,各种调料要严格区分开,不要混在一起,防止孩子的嗅觉发生混乱。

➢ 迷人的花香包

【游戏目的及适用年龄】

锻炼孩子的嗅觉灵敏度,拓展孩子通过嗅觉获得的感知觉。适用年龄为3~6岁。

【使用道具】

夏季,准备各类有香味的花瓣,一些单层的薄纱布。

【我们一起做游戏】

1. 带孩子进行户外活动时,与他一起认识各种花,逐个闻一闻花香,并且尽量记住每种花的香味是什么。

2. 将准备好的花瓣分门别类地用纱布包起来,从外面要看不到纱布里花的样子。给孩子逐一闻一闻,猜一猜香包里包的是什么花。

【父母的游戏笔记】

_____
_____
_____
_____

PART 4
感官训练之味觉、嗅觉

 听听专家怎么讲

　　这是一种锻炼孩子嗅觉分辨能力和嗅觉记忆能力的小游戏。这个游戏需要在进行之前做一些功课,主要就是带孩子认识花朵的形状、花瓣的颜色,记忆花香。当然,如果没有这个条件,我们也可以先给孩子闻一闻香包的香味,然后再告诉他们这是什么花,最后再猜测。

　　要注意的是,准备这个游戏的道具时,我们尽量使用亲手采摘的花朵,而不是从花店买回来的干花。因为花店的干花大多有香精,这不仅会干扰孩子的认知,而且刺鼻的香精还会对孩子的嗅觉造成负面影响。

➢ 识别危险气味

【游戏目的及适用年龄】

锻炼孩子的嗅觉灵敏度,拓展孩子知识广度,帮助孩子学会识别危险气体。适用年龄为5~6岁。

【使用道具】

能散发出有毒危害气体的一些材料。

【我们一起做游戏】

1. 准备一些有毒危害气体材料,通过焚烧、涂抹等方式,让气味散发出来。

2. 带孩子站在上风处,微量闻一闻这些气味,同时,父母向孩子讲解这些味道产生的原因和危害,告诫孩子一旦闻到这些味道,要尽量远离。其中一些味道,如煤气味等,一旦闻到要及时向家长及周围的成人报警。

PART 4
感官训练之味觉、嗅觉

【父母的游戏笔记】

 听听专家怎么讲

　　这个游戏的目的并不仅仅是锻炼孩子的嗅觉灵敏度,更是为了让孩子通过嗅觉记忆辨别一些生活中的危险,保护自身安全。在进行训练的时候,要格外注意孩子吸入该类气体的数量,不能让孩子吸入过量以至于引起呼吸道受损。站在上风处,用手招闻是比较科学的方法。

PART 5
感官训练之视觉

视觉维度练习

用视觉观察形状的练习

视觉触觉联合练习

用视觉识别颜色——色觉的练习

视觉维度练习

对孩子视觉的练习，首先可以从视觉维度的基础培养做起。在进行训练以前，我们要先准备一套木质的教具，这种教具可以让2.5~3.5岁的孩子都获得锻炼。

这套教具由3个木块套件组成，每1个套件都包含10个小的木块，10个小木块可以插入本套件的长55厘米、宽8厘米、高6厘米的木质底座的孔里面去。小木块都是圆柱体形状。3个套件的具体情况如下：

第1个套件：全部10个小圆柱体统一长度为5.5厘米，直径由最小的1厘米开始，依次以0.5厘米的幅度增加。直径最大的圆柱体为5.5厘米。

第2个套件：全部10个小圆柱体统一直径，但长度各不相同。最短的一个长度为1厘米，看上去很像一个小圆盘，其余圆柱体的长度依次以0.5厘米的幅度递增。
第10个圆柱体最长，为5.5
厘米。

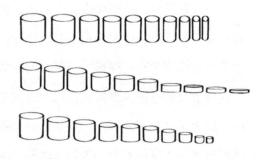

第3个套件：所有小圆柱体的长度和直径都不一样。第1个长度和直径都是1厘米，然后其余的在长度和直径上依次以5厘米和0.5厘米的幅度递增。

利用这3个套件，孩子可以通过练习，实现对物体长度、粗细和体积的认识。具体使用方法，多为积木排列、搭建。例如，我们可以将这些套件的全部部件混合在一起，堆放在地毯或者桌子上，然后要求孩子按照不同的规则把这些部件分组，放在相邻的不同的桌子上。在做这个游戏时，孩子每拿一个部件都必须集中注意力，以防止出现混乱。

"儿童之家"中，这套教具还有一个使用方法很受3～3.5岁孩子欢迎。大概游戏内容是，让孩子把第1套件里所有小圆柱体插件都从底座里取出来，打乱次序混合在一起，然后再把它们插回正确的孔洞里去。在做这个游戏的时候，可以让孩子选一个舒服的姿势坐在桌子边，因为这个游戏很耗费时间。

游戏开始时，老师先做一个示范，把圆柱体全部从插孔里取出来，放在桌子上，小心地混合在一起，然后再把小圆柱体插回原来的位置。整个过程应该是小心谨慎，且保持安静的。这种示范有利于孩子很快领悟这种游戏的过程。事实上，很多时候老师是不用自己亲自做这个示范的，因为在"儿童之家"，只要有一个孩子会玩这个游戏，其他孩子自然而然就会去模仿着做。老师对他们的示范或者帮助，有时候还会引起孩子的反感。在"儿童之家"，我发现很多孩子都喜欢独自进行这种练习，原因就是担心出现来自别人的不合时宜的帮助。

  孩子在游戏时，是怎样把那些打乱了次序胡乱堆在桌子上的小圆柱体插回正确位置的呢？通常状况下，他们会先做一些小尝试，这些尝试往往错误百出。比如，他们会试着把一个粗一点的圆柱体放在细一点的插孔里，发现不合适，然后就换个孔重新尝试，直到给圆柱体找到合适的"家"为止。

  当然，有时候他们也会把圆柱体插在更粗的孔洞里，结果虽然很容易插进去，但太松动，这说明这个孔洞适合更粗的圆柱体。如果孩子把所有的圆柱体都插到更宽松的孔洞里去，最后肯定会有一个最粗的圆柱体找不到合适的插孔。发现这个结果后，孩子就会开始主动查找自己的错误：为什么之前所有圆柱体都插了进去，唯独这个找不到位置？这个

PART 5
感官训练之视觉

问题会让孩子非常困惑而且非常感兴趣。他会停下动作，皱着眉头仔细思考。他会挨个去拔已经插好的圆柱体，看是不是有哪个放错了位置，并进行纠正。在经过一轮又一轮的尝试后，他最终会给每个圆柱体都找到最合适的位置。这个结果会让很多孩子忍不住欢呼出来。

这种能够启发孩子智力的训练并不会进行一次就停止。多数孩子会尝试重新开始，弄清这些小圆柱体与插孔之间的关系。这种尝试甚至会持续很多次，我甚至曾见过一个3岁多的孩子把这个游戏做了40多遍，依然兴致勃勃。如果这时候我们再把第2套件和第3套件交给孩子，孩子就会因为圆柱体变化的增多而产生更多的兴趣。

这3个木质套件能够培养孩子用视觉观察空间维度，区别物体尺寸大小的能力，因为经过无数次的练习后，他一定能一眼就区分出手里拿的那个小圆柱体到底应该插进哪里。对孩子进行教育的方法就是以此为基础的：给孩子的教具应该能帮助孩子控制出现的错误的数量，这有利于孩子充分发挥教具的作用，实现我们最初的训练目的。

当然，最后让孩子达到训练目的的不仅仅是教具，也不是老师的提醒，更多的还是孩子想要达到预期目标的信念。这个信念会促使他不断进行自我纠正。**孩子依靠自己的聪明才智和不懈努力取得了令人可喜的结果。从某一点来说，这是孩子进行自学的开始。**

我们设计这个练习所要达到的并不仅仅是外在的、表面层次的练习视觉维度的目标,或者说并不是让孩子通过练习学会如何放置小圆柱体,而是让孩子学会如何去练习,并养成自己去练习的习惯。通过游戏,孩子将主动训练自己的观察能力和遇到不同事物时自主进行比较的能力,最终以此为基础形成自己去判断、推论和决定的能力。**正是通过不断重复这种锻炼注意力和理解力的练习,孩子的视觉能力和思维能力才能够得到真正的发展。**

摘自《蒙台梭利儿童教育手册》

给中国家长的话

世界级艺术大师罗丹曾经说过:"生活不缺少美,而是缺少发现美的眼睛。"这里的"眼睛"是指人们欣赏美、发现美的艺术审美能力,可是如果无厘头地从生物学的角度考虑,就可以理解为:没有眼睛,没有视觉,我们会丧失生命中无数美好的事物。即使仅仅是视觉能力欠缺,我们也会少发现许许多多的美。

蒙台梭利认为,视觉训练应该首先从维度训练开始。这里有一个需

PART 5
感官训练之视觉

要家长重视的要点：这里的维度不是指让孩子认识立方体，而是让孩子通过观察判断物体在空间中的状态，包括物体的位置，物体的边界、形状等。孩子可以不认识正方体和圆柱体，但是他应该能看出两者之间存在区别。随着孩子年龄的增长和视觉能力的提高、智力的发育，他总会认识形状和体积的，但是在此之前，我们应该先锻炼孩子的视觉维度。所以，在进行视觉维度能力练习时，如果幼小的孩子始终无法记住那一系列名词——"正方体"、"长方体"、"圆柱体"——那也无所谓，只要孩子能够看出它们所在的位置和边界的状态，能区分出它们有所不同，就完全可以了。

用视觉观察形状的练习

用于锻炼孩子用视觉观察形状的能力的教具,是木制的平面几何部件。这些教具我最早曾经在缺陷儿童学校使用过。它们主要由两块粘在一起的木板和一些部件组成。两块木板中下面的板子非常完整结实,上面的则打出了各种几何图形的洞。使用教具做游戏时,孩子会将大小形状合适的木块放入相对应的洞里。为了让孩子很方便地拿起木块,我还在木块顶端安装了铜纽。

除了教孩子观察形状,我还赋予这些木块插件以识别颜色的功能。一般情况下,教孩子认形状的木块统一刷成了蓝色。所有

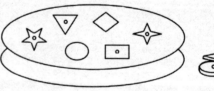

PART 5
感官训练之视觉

的圆形木块都被我刷成了各种颜色。类似这样的木块我有很多，它们形状各异，颜色也是五颜六色，在儿童教育中作用显著。不过这种教具的缺点也很明显：它们价格昂贵，而且非常笨重。

通过教学实验的反复实践，我发现要靠平面几何教具教孩子识别颜色非常困难，因为它们并不能向孩子提示错误，所以上面谈到的这套教具的主要任务还是**帮孩子识别形状，增加孩子对维度和形状的敏感性**。识别颜色只不过是附带作用罢了。

教具的缺陷促使我对平面几何教具进行改良，首先想到的就是充分利用起框架和图形。我设计了一个30厘米长、20厘米宽的长方形托盘，将它涂成深蓝色，用黑色框架围起来。这些框架是能够变换形状的，这就让我们有了呈现任何经过选择的图形组合的可能。除了框架，我还准备了一些黑色的正方形木板块，依靠它们，我可以同时呈现两三个几何图形。此外还有一套白色的正方形卡片，每块卡片的边长均为10厘米，它们也能展现一些几何图形。

为了配合托盘教具，我还设计了一个盒子，它能够容纳6个托盘。装好托盘后，我们可以抓着盒子末端的提手将它提起来。这时，盒子的前端会对着地面，托盘就像一个抽屉那样滑出来。每个托盘里都有6个小框架和配套的图形说明。例如，我在第1个托盘里放4个木质正方形和另外两个框架——菱形和梯形各1个；第2个托盘里放了1个正方形和5个长度一样但宽度各异的长方形；第3个托盘里放了6个直径依次递减的圆；第4个里面是6个三角形；第5个是6个多边形，从五边形到十边形都有；第6个里面是各种其他形状，比如椭圆形、卵形、花瓣图形，等等。教具做好后，我们就要用它来教孩子们做练习了。

在平时的训练中，我做得最多的就是把各种形状的小木块混合在一起，然后让孩子把它们按照形状分类挑选出来。这种游戏即使对年龄很小的孩子也非常有吸引力。不过很明显，它还没有前面提到的圆柱体游戏更有趣，而且对于孩子来说，它更耗费精力。至少，我没有发现有哪个孩子能重复这个游戏到五六次以上的程度——他必须要仔细观察并且识别出形状。

刚开始做游戏练习的时候，孩子往往会张冠李戴很多次。比如玩平面几何部件教具时，把三角形填到菱形或正方形的孔里面去。只有经过多次尝试后，他们才能获得成功。当然，即使孩子认识了某个形状，错误也在所难免，比如将长方形的长和宽弄反……

经过三四次失败后，孩子会逐渐认识几何图形，能够熟练地将不同形状的木块填到正确的插孔里。他们不再犯错，也不会再进行尝试。从那时起，他们就会开始有点蔑视、厌烦这种游戏了，因为他们会觉得这种练习

PART 5 感官训练之视觉

过于简单。这也就标志着,孩子掌握了观察形状的方法。

摘自《蒙台梭利儿童教育手册》

给中国家长的话

对孩子进行视觉形状识别练习的要点并不多,只要我们通过触摸和视觉相结合的方式多多练习,孩子很容易就能完成这一训练。"触觉和视觉相结合"会在下文中专门论述。这里我们要强调的是教具的选择问题。

在训练中给孩子提供什么样的教具呢?有条件的当然可以购买成品蒙氏教具使用,如果没有条件或者有些教具买不到,我们就可以自己找东西代替。找的东西要符合两个要素:

1. 尽量使用孩子感兴趣的教具。例如,我们教一个2岁左右的孩子认识形状,发现他对积木等东西并不感兴趣。当时他很喜欢一块绣满了各种形状块的枕巾,于是我们就果断放弃了积木,转而用枕巾训练孩子。很多时候,孩子都是能够自己给自己选择合适的教具的,所以我们只要从他们的选择中找到最高效、最好用的就可以。

2. 选择的教具最好是单一颜色的。许多家长觉得给孩子的玩具最好是五颜六色的，但是我们通过教学实践发现，给孩子五颜六色的教具，除非是进行色觉练习，否则效果并不会太好。相反，选择单一颜色时，孩子更能把注意力集中在训练内容上。印证蒙台梭利教具的设计，她在训练孩子对形状和维度的识别的时候，最喜欢使用的就是黑白两色的教具，原因也就在于此。

PART 5
感官训练之视觉

视觉触觉联合练习

  在进行用视觉观察形状的练习中，我们还可以把视觉和触觉联合起来进行练习。这种联合可以帮孩子加强对形状的认识。

  我曾经让一个孩子用手去摸索木块的形状，然后又去摸索底座插孔的形状，最后判断这个木块应该插在哪个插孔里面。通过这个小游戏，我们让孩子养成了一种习惯，一种依靠触摸进行探索的习惯——其实这很容易做到，因为几乎所有的孩子都喜欢触摸。在过去的研究中发现，在各种感觉记忆中，肌肉感觉是最具优势的。很多孩子无法用视觉去认识一个物体，但是触摸——或者说是对物体轮廓的感觉却能帮他们做到这一点。我已经不止一次地发现，孩子看不出该把木块插到哪个插件时，用触摸的方法就能解决这个问题。毋庸置疑，**把视觉和肌肉触觉联**

系起来，可以极大地帮助孩子增强对形状的感知和记忆。

进行这类训练，我一般会使用三套卡片教具。相对应的，也有不同的训练方法。

第1套教具包括一些形状各异的小木块和数量相同的、每个上面都刻着对应形状图形的卡片。将卡片打乱堆放，让孩子把卡片按照自己的喜好随意排列起来，然后再找出相对应形状的小木块放在卡片上，让木块把卡片上刻画着的图形盖住。孩子用视觉识别形状及大小，这是使他将木块和图形放在一起的前提。此外，要想让小木块与纸片上的图形相重合，孩子就要有触摸卡片上图形轮廓的能力——当把木块放在纸片上后，他要用手指触摸轮廓线，调整木块的位置直到盖住图形。

第2套教具也同样包含一些木块和相对应的卡片，与第1套的区别在于，卡片上的图形是使用蓝纸做成的轮廓线，而不再是刻画上去的。这个变化会让孩子对形状的概念从具体过渡到抽象。很多孩子在开始的时候只能处理具体的物体，现在，他要面对的成了一个平面图形。

平面图形是由线条组成的，这个线条并不仅仅代表着平面图形的抽象轮廓，还意味着孩子需要用他的食指沿着线条勾画一遍，这是一个运动轨迹。当手指沿着线条移动时，图形被他的小手覆盖了，留在孩子脑海里的是一个运动的印象。当他画完并把手拿开以后，图形才会再一次出现在他的眼前。在这个过程中，孩子的视觉是在引导着手指的移动，是与触觉相协调的。

第3套教具包括木块和用黑色线条画好平面几何图形轮廓的卡片。使用这个教具的时候，孩子已经过渡到了抽象的线条阶段，手指的运动轨迹就像用铅笔画出线条一样。这种简单的几何图形产生于一系列具体的视觉和触觉体现。

摘自《蒙台梭利儿童教育手册》

给中国家长的话

通过视觉认识形状的练习大致有两种训练方向：一种是在平面上用笔绘画，一种是用积木板进行认知训练。这两种训练方法中，现在家长最常用的是用笔绘画，因为它不仅可以有更丰富的色彩，而且可以随意变化大小。但是，蒙台梭利在她的教学中却很少用这种方法，她选择的是第二种：使用积木板或者其他复杂教具完成这一训练过程。说到这里，许多家长都对蒙台梭利的教具感到无奈：它们很多都是专门设计的，而且价值不菲。为什么蒙台梭利就不能用画笔完成这一工作？现在的绘画工具之丰富是难以想象的,甚至很多教育者已经开始使用平板电脑等先进设备进行教学了。其实这里的关键就是视觉和触觉的联合练习问题。

与单纯的视觉识别相比,用手摸索形状的轮廓,再用视觉进行识别,可以有效地在最短时间内让孩子记住形状的概念和特征。事实上,不仅仅在认识形状上是这样,在认识立方体、识别物体的粗糙程度、识别物体的基本物质特征等方面,让视觉与触觉联合进行训练都有着非同一般的意义。在这一方面,仅仅用笔画是没有这种效果的,哪怕是先进的平板电脑也不行。不过,蒙台梭利的教具仅仅为了实现训练效果高效而设计,而不是必需的。在生活中,我们完全可以用一些日常生活中的物品或者孩子的一些玩具(例如积木)来代替。

这里有一点要注意:两者的联合练习应该是在单一练习进行之后的。例如我们观察砂纸的表面特征时,就是要先让孩子观察,判断不同型号砂纸之间粗糙的程度,然后再通过触摸等方法加深印象。

PART 5
感官训练之视觉

用视觉识别颜色——色觉的练习

在对孩子进行色觉练习时,我们使用的教具主要是一些色彩鲜亮的物体和颜色各异的球,例如一些用各色丝绸或毛线包裹的小平板。使用的时候,孩子用手拿着没有裹住的尖端,以防弄脏丝绸、毛线,这样可以有效延长教具的使用寿命。

颜色选取上,我使用的颜色主要有8种(分别是黑色、红色、橘红色、黄色、绿色、蓝色、紫色和灰色),每种颜色又分为8个深浅度,这样一来就有了64种颜色可供选择。每种颜色都制作两块色板,整套教具就有了128块色板。我把它们平均装在两个盒子里,每个盒子内部被分割为8份。

训练时,我们要从最简单的颜色观察开始。首先,我们选择3种对比最强烈的颜色给孩子看,比如红、黄、蓝。3种颜色每种拿两块一模一样的放在桌子上,然后给孩子看其中一种,要求他们从其余5块板子中找到和它一模一样的,直到孩子把三种颜色全部配对成功为止。这个游戏的难度可以一步步提高,最有效的办法就是不断增加色板的数目,比如最多的一次我同时给孩子8种颜色、16块色板进行配对。

熟悉了对比强烈的颜色之后,我们就可以尝试让孩子去分辨一些对比不强烈的颜色间的差异。最终,**我们要让孩子分辨同一颜色不同深度的色板之间的差别,直到孩子能准确识别所有颜色为止。**

识别是第一步,第二步就是排序。我们交给孩子两种颜色的所有8个深度的色板,比如红色和蓝色,要求他们先将颜色分组,然后根据颜色深度变化按照一定顺序排列。随着这个游戏训练的深入,最终我们会让孩子区分一些色系比较接近的色板组,比如蓝色和紫色、黄色和橘黄色等,然后准确排序。

我曾经在一所"儿童之家"见过一个非常成功、非常有趣而且用时非常短的游戏,很受孩子欢迎。参与游戏的有几个孩子,老师就会在桌子上放几组颜色卡片(每一组颜色卡片颜色相同,但组内卡片颜色深浅各异)。然后,他让孩子们自己选择一个颜色,当然有时也会由老师给孩子指定一个颜色。接着,他会把所有的颜色卡片都混合在一起,让孩

PART 5
感官训练之视觉

子把刚才自己选择的那一组找出来，并且按照深度变化进行排序，最后形成按深度排列的颜色带。

经过这种训练的孩子，对于颜色的分类和深浅的排序识别会非常在行。我曾经在一所"儿童之家"发现，那里的孩子都能熟练地把里面全部的64块颜色板都倒在桌子上混合起来，然后把不同色系的颜色分组，再按照深浅排列好。这种速度和准确度让我们非常吃惊，尤其是一些3岁的孩子就能完成这些，更是让我们瞩目。

刚开始工作的时候，我曾经使用过一种教具。它由一个灰色的圆盘构成，圆盘上有一个可以旋转的月牙形开口。通过旋转，孩子可以从开口看到各种颜色。首先老师让孩子观察某一种颜色，然后他就开始转动圆盘。当同样的颜色出现时，孩子要大声说出来。这个教具并不能引起孩子的兴趣，因为他们只是被动地接受，而无法接触到教具。后来，我就知道，类似这样的游戏是应该摒弃的。

摘自《蒙台梭利儿童教育手册》

给中国家长的话

色盲、色弱恐怕是孩子先天问题中最难、也是最晚被发现的,尤其是色弱,所以对孩子进行色觉识别训练也是提早发现色觉问题的一个机会。

色觉练习包括两个方向:不同颜色的识别和同一颜色深浅度的识别。两者中,后者经常会被家长们所忽视,所以在练习时要多加注意。另外还有一点:对孩子进行色觉培养时,相应地也要把审美和色彩搭配潜移默化地灌输给孩子。什么颜色与什么颜色搭配成什么效果,什么颜色与什么颜色搭配会更加醒目,这些都可以在游戏训练中慢慢告诉孩子,让色彩审美搭配逐渐深入孩子的意识中。

※视觉感官训练游戏快乐营

➢ 手指戳洞洞

【游戏目的及适用年龄】

锻炼孩子的手眼协调能力和视觉准确定位能力。适用年龄为1岁左右。

【使用道具】

报纸。

【我们一起做游戏】

1. 在报纸上戳出一排孔洞，孔洞的直径略大于成人手指粗度。

2. 妈妈给孩子做示范，妈妈嘴里一边说："我们一起戳洞洞，一个洞，两个洞……"一边用手指挨个戳报纸上的孔洞。示范完毕后，由孩子继续这个游戏。

3. 等孩子能够熟练完成训练后，再戳一排孔洞，洞的直径小于此前，继续让孩子练习。注意不要把报纸撕坏。

【父母的游戏笔记】

_____

_____

 听听专家怎么讲

　　这个游戏的关键不在于孩子能否把手指插进洞洞，而在于戳洞洞的过程中，他是否能够使用视觉对孔洞进行准确定位。

　　在这个游戏中，孩子有可能会不按照家长的要求去戳洞洞，而是戳几下后就开始搞破坏——随意戳烂报纸或者撕坏报纸。对这种情况，家长不应该着急上火地去批评指责孩子，多多引导，多做几次这种训练就可以了。当然，如果孩子视觉定位能力较差，以至于戳破报纸，就更不应该批评孩子了。经过几次训练以后，他的这一能力就会得到突飞猛进的发展。

➢ 追踪黑白球

【游戏目的及适用年龄】

锻炼孩子的眼部肌肉，为视力发育做生理基础；刺激孩子色觉的发育。适用年龄2~6个月。

【使用道具】

两个拳头大小的毛线球，一个黑色一个白色。两个球都系上0.5米长白线。

【我们一起做游戏】

1. 让孩子仰躺在床上，周围不要有任何遮挡他视线的东西。

2. 妈妈用手拿住白线的一端，让球垂在孩子面前30厘米左右的高度，晃动小球，吸引他的注意力，让孩子的眼球随着小球转动。

3. 当孩子能够很好地用视线盯住球的运动轨迹后，慢慢加大球与孩子之间的距离，同时开始轮换使用小球吸引他的注意。

PART 5
感官训练之视觉

【父母的游戏笔记】

_____

_____

 听听专家怎么讲

这个小游戏兼顾了锻炼孩子眼部肌肉与色觉刺激两个功能。一般而言,从两个月开始孩子就能分辨黑色和白色的差别,并且能够让视线追踪运动的物体。我们这个小游戏就是为了加强这两方面的锻炼而设计的。当孩子五六个月大以后,我们还可以把黑白球换成彩色球,或者彩色图形卡,对孩子继续进行类似的训练。这是因为那时候,孩子就能慢慢分辨色彩了。我们把孩子的视力早期发育情况做了一个统计表,供广大家长参考。

孩子年龄	视力发育情况
出生~2个月	孩子有明暗的感觉,视力范围不超过20厘米
2~5个月	眼中的世界开始分为黑色和白色两类,眼睛开始能够跟踪物体运动轨迹
5~9个月	开始慢慢识别彩色,并且能够有立体的感觉
9个月以上	开始能够识别符号,能够记忆文字

➤ 颠倒的小世界

【游戏目的及适用年龄】

锻炼孩子的视觉维度和视觉空间分辨能力。适用于年龄1.5～2岁的孩子。

【使用道具】

一些毛绒玩具，红黑两色贴纸。

【我们一起做游戏】

1. 拿一个孩子很熟悉的毛绒玩具给孩子看，然后把毛绒玩具倒过来，再让孩子观察。

2. 用红色贴纸把毛绒玩具的一只眼睛贴上，用黑纸贴上另一只眼睛。让孩子观察毛绒玩具的眼睛，告诉父母，毛绒玩具的哪只眼睛是红色的、哪只眼睛是黑色的。

3. 把毛绒玩具倒过来，再让孩子观察，告诉父母哪只眼睛是红色的、哪只眼睛是黑色的。

PART 5
感官训练之视觉

【父母的游戏笔记】

 听听专家怎么讲

从1岁半开始,孩子就渐渐能分清左右了——虽然他们经常犯错。此外,这一时期的孩子在大小、远近的分辨方面也有了显著的进步。不过这些对空间的观察、感知能力显得还很弱,而且很容易出现反复、退化的现象,所以我们需要通过类似"颠倒的小世界"这样的游戏进行巩固。

➢ 配对游戏

【游戏目的及适用年龄】

锻炼孩子的颜色记忆分辨能力、视觉感知力,拓展孩子的知识面。适用年龄1.5~2岁。

【使用道具】

一双袜子、一副手套、两个相同的手绢、两项相同的帽子、两个相同的药盒或其他一些需要孩子学习认知的东西。同样每种东西都是一式两个。

【我们一起做游戏】

1. 把所有东西都放在一张桌子上,混杂在一起,教孩子一样一样认识这些东西。

2. 当孩子大致掌握了物体的名称后,从里面随便拿出一样,让孩子寻找配对的同类物体。

【父母的游戏笔记】

_____
_____
_____
_____

PART 5
感官训练之视觉

 听听专家怎么讲

　　这个游戏有很大的可塑性。刚开始的时候,可以用一模一样的一对物品锻炼孩子。当孩子长大一些,到2岁以后,可以随意挑选不同颜色的同类物品,让他配对。比如,一只黑色手套和一只白色手套,这样更考验孩子的视觉感知力。

➤ 接气球

【游戏目的及适用年龄】

锻炼孩子的视觉敏锐度、眼睛跟踪物体运动轨迹的能力和手眼配合能力。适用年龄1~2岁。

【使用道具】

一个充好气的气球。

【我们一起做游戏】

1. 家长与孩子面对面坐着，两人之间离得要近一些。

2. 家长把手里的小气球给孩子看，然后用手捧着气球慢慢向上抬，抬到孩子头部以上的位置停下，再下降。这个过程中，引导孩子的目光始终盯着气球看，让他的视线随球移动。

3. 当孩子熟悉了这种视线运动方式以后，家长将气球升到高点时松手，让它自由下落，同时让孩子伸手接住气球。接得住，家长要多多鼓励；没有接住，则继续这个游戏。

【父母的游戏笔记】

PART 5
感官训练之视觉

 听听专家怎么讲

　　视觉灵敏度的一个判断标准是追踪物体运动轨迹的能力,这项能力能够让孩子的视觉发挥更大的作用。这个游戏训练的就是这个方面。

　　做这个游戏不仅限于使用气球,手绢、餐巾纸……所有轻飘飘的东西都可以用,所以我们可以随时随地找空隙和孩子一起玩。如果手上有带颜色的道具那是最好的,因为还可以刺激孩子的色觉发育。

➤ 猜猜哪个碗

【游戏目的及适用年龄】

锻炼孩子的视觉敏锐度和注意力。适用年龄1.5~2岁。

【使用道具】

三个一模一样的小碗，一颗黄豆。

【我们一起做游戏】

1. 把两个碗倒扣在桌面上，孩子坐在桌旁观看。把黄豆放在一个碗下面，然后开始当着孩子的面调换碗的位置。多调换几次以后，让孩子猜猜黄豆在哪个碗的下面。

2. 当孩子能够大致说准确后，增加碗的数量到3个，重复上面的游戏。

【父母的游戏笔记】

_____

_____

PART 5
感官训练之视觉

 听听专家怎么讲

　　这个游戏除了锻炼人的视力敏锐程度和追踪物体运动轨迹的能力，还能锻炼孩子的注意力。一开始的时候错误难免发生，因为孩子还无法适应视线紧盯目标碗的这个要求。当进行几次以后，他的成功率就会大大增加。不过要注意的是，孩子的精力毕竟有限，当他们持续进行这个游戏在5分钟以上的时候，错误率就又会提升上来。这说明他们的精力已经消耗很大了，这时候家长最好停下让孩子有充足的休息时间。

➢ 猜猜谁是谁

【游戏目的及适用年龄】

锻炼孩子的视觉敏锐度和辨别力，促进孩子自我意识发展。适用年龄1.5～2岁。

【使用道具】

家庭照片，其中要包括孩子小时候的照片，和几张其他孩子的照片。

【我们一起做游戏】

1. 给孩子看10张左右照片，其中包括孩子自己和其他几个孩子的照片，引导孩子找到自己的那一张。

2. 与孩子一起分辨其余照片上人物的身份，说一说他们都是谁，是男是女。

【父母的游戏笔记】

_____
_____
_____
_____

听听专家怎么讲

自我意识的发展是孩子在认识世界、认识周围社会关系、融入社会环境的必要步骤和关键点。因为有了自我意识,孩子才能产生物有观念,才能在人际交往中知道彼此之间的关系。这个小游戏能够帮助孩子知道什么是"我",将自己与其他人区分开;同时,还可以帮助他了解更多的亲情和亲属关系。

➢ 大排序——搭建圆柱"小楼梯"

【游戏目的及适用年龄】

帮助孩子提高通过视觉识别物体长度及高度的能力。适合2~2.5岁的孩子玩耍。

【使用道具】

使用蒙氏视觉训练木块套件第2套件组,包括10个统一直径、长度以0.5厘米幅度递增的小圆柱体。

【我们一起做游戏】

1. 妈妈将圆柱体套件打乱堆在地毯上,木质底座放在一边。

2. 让孩子根据圆柱体长度的不同,按顺序进行排列,插入底座的孔洞中。第一个圆柱体最短,以后的依次递增,最后一个最长。圆柱体插好后,会形成一个小小的"楼梯"。在此过程中,妈妈不要给孩子太多的提醒。

3. 陪孩子一起观察自己的"作品",如果孩子全部正确,要进行表扬;如果错误,则引导孩子观察出错后的小楼梯是什么样子的。例如,最长的圆柱体放错位置的话,它会凸出来——借机体会物体的长短意义。最后进行纠错调整。

PART 5
感官训练之视觉

【父母的游戏笔记】

_____
_____
_____
_____

 听听专家怎么讲

  这个小游戏是蒙台梭利设计并在她的"儿童之家"中使用的。巩固孩子的视觉长短维度定义,可以通过让他观察可对比物体的长短进行。例如,我们可以让孩子把不同圆柱体摆在一起,通过增减部件数量和不同长度的部件来实现长度的变化。如果家中没有这种套件怎么办?我们可以用孩子的木块积木来代替,只要积木块长度不同,能够搭"小楼梯"就可以。

➢ 配对瓶盖

【游戏目的及适用年龄】

锻炼孩子通过视觉识别物体大小的能力，促进孩子手部肌肉群发育及精细动作行为能力。适合2.5~3岁孩子玩耍。

【使用道具】

各种瓶子，瓶盖大小各不相同。

【我们一起做游戏】

1. 将平时生活中积攒的各种型号的瓶子和配套的盖子给孩子，让他们自己观察，玩耍。

2. 将瓶子的盖全部取下来，堆在一起，瓶子放在另一边，让孩子将瓶子与对应的盖子找出来，将盖子盖好。

【父母的游戏笔记】

_____

_____

PART 5
感官训练之视觉

 听听专家怎么讲

  这个游戏是一个多方面训练游戏,它不仅能促进孩子的视觉识别能力,而且在手部动作能力方面也有很强的锻炼作用。此外,它在培养孩子的耐心、细心方面也很有效果。

  孩子的很多玩具都来自于生活,实际上,孩子也是通过生活不断锻炼自己的能力,促进自己成长的。许多家长会给孩子购买昂贵的玩具,其实在很多时候,这些玩具对孩子的帮助还不如我们平时积攒起来的这些瓶子用处大。当然,要提醒大家的是,给孩子玩的生活用品一定要清洁干净、彻底消毒才可以。

➢ 搭积木，盖高楼

【游戏目的及适用年龄】

锻炼孩子通过视觉识别物体体积大小的能力。适合2～2.5岁孩子玩耍。

【使用道具】

使用蒙氏视觉训练木块套件第3套件组：包括10个长度与直径均从1厘米开始、以0.5厘米幅度递增的小圆柱体，一块非常光滑的绿色毯子。

【我们一起做游戏】

1. 将毯子放在地上，把圆柱体散置在毯子上。

2. 根据圆柱体体积的大小，按顺序将这10个立方体码成一个塔，最大的一个在最下面作为地基，而最小的在最上面。

【父母的游戏笔记】

_____

_____

_____

_____

PART 5 感官训练之视觉

 听听专家怎么讲

　　这个游戏对于孩子来说很耗费体力，在游戏中，孩子会不自觉地练习跪、起立等动作。家长在游戏时，要引导孩子观察两块相邻圆柱体在体积方面的细微差别。据蒙台梭利在"儿童之家"中开展这个游戏后记录，游戏一开始，孩子最容易犯的错误是将第二大的木块放在最底下，然后将最大的一块放在它的上面。这说明孩子在依靠视觉辨别细微的体积差异时是容易犯错的。这个游戏中，家长要帮助孩子解决这个问题，锻炼孩子通过视觉识别物体体积大小的能力。

➢ 失踪的玩具

【游戏目的及适用年龄】

锻炼孩子的视觉观察力和记忆力。适合2~2.5岁的孩子玩耍。

【使用道具】

10余种各色玩具。

【我们一起做游戏】

1. 选三四种颜色和形状对比强烈的玩具放在孩子面前,让孩子观察1分钟。

2. 让孩子闭上眼睛,家长拿走一种玩具,藏起来,然后打乱剩余玩具的位置。

3. 让孩子睁开眼睛,猜猜是哪个玩具失踪了。

4. 当孩子猜出失踪玩具的准确度越来越高、时间用得越来越短后,增加玩具数量,并且使用一些颜色和形状接近的玩具。

【父母的游戏笔记】

PART 5 感官训练之视觉

 听听专家怎么讲

孩子要想在很短时间内发现哪个玩具失踪了,他在观察阶段就必须尽可能地通过视觉在脑海里建立数据库,这个过程对视觉观察力和记忆力有很强的锻炼作用。要注意的是,刚开始的时候孩子的成功率会非常低,这是因为孩子还不能很好地将视觉和思维密切相连。所以我们要有耐心,慢慢帮孩子适应这种变化与成长。

➤ 分扑克牌

【游戏目的及适用年龄】

锻炼孩子的视觉观察力和分辨能力。适合于4~6岁孩子玩耍。

【使用道具】

一副扑克牌。

【我们一起做游戏】

1. 将扑克牌打乱，让孩子按照红桃、黑桃、方块和花片四个标准将牌分类整理。

2. 打乱牌，从中选出任意一个数字，让孩子从牌中将同一数字的另外三张牌找出来。

【父母的游戏笔记】

_____

_____

_____

_____

PART 5
感官训练之视觉

 听听专家怎么讲

　　这个游戏对孩子视力敏锐度和耐心都有很强的锻炼效果。只有认真观察每一张牌,而且视觉能力敏锐,他才能在纷乱的牌堆里准确地找出自己想要的那一张。两个步骤的难易程度并不一样,第二步的难度要高于第一步。在我们以往的教学中发现,很多孩子最后找不到、放弃的原因不是他发现不了,而是不愿意去耗费精神做了。所以,如果我们的孩子在做的时候出现错误或者拖延,家长不要着急去训斥或者停止游戏,而是应该给孩子更多的鼓励,让孩子的耐心也得到锻炼。

➢ 滚一滚，认东西

【游戏目的及适用年龄】

通过观察、触摸和滚动，认识球体、圆柱体、棱柱体、棱锥体和圆锥体等立方体。适用于4~5岁孩子。

【使用道具】

准备一些积木块，例如一个球体、一个棱柱体、一个棱锥体、一个圆锥体和一个圆柱体。

【我们一起做游戏】

1. 与孩子一起观察立方体木块，分析它们的特点和异同。

2. 让孩子闭上眼睛，把立方体木块放在桌子上挨个滚动，让孩子体会积木块滚动时的特点：球体可以向四面滚动；圆柱体则仅能朝一个方向滚动；圆锥会绕着自己的尖端滚动；棱柱体和棱锥体只能直立不动，但是棱柱体比棱锥体更容易倾倒。

PART 5
感官训练之视觉

【父母的游戏笔记】

_____
_____
_____
_____

 听听专家怎么讲

　　这个游戏从目的上看应该属于用视觉观察形状或者视觉维度练习的范畴，但是因为它大量使用了触觉，所以我们还是将之分到了视觉、触觉联合练习的范畴。事实上，在蒙台梭利各项游戏练习中，视觉和触觉、视觉和嗅觉、触觉和嗅觉等类似的感官联合作用非常普遍。在专一练习某种感官能力时，我们要尽量隔绝其他感官，而在联合练习时，就需要找到让两者共同发挥作用的方法。练习过程中，摒弃其他感官参与依然很重要。

➢ 颜色记忆训练之按照印象找朋友

【游戏目的及适用年龄】

锻炼孩子的颜色记忆能力。适用年龄4～5岁。

【使用道具】

一些形状、大小相同的小型有色木板,每种颜色至少有两块,两张桌子。

【我们一起做游戏】

1. 把所有小木板都放在一张桌子上,各种颜色混杂在一起,随意拿出一块小木板,放在另一张桌子上。

2. 让孩子仔细观察单独的那块小木板,时间不限。

3. 收走作为参考的木板,然后让孩子从木板堆中找出刚才观察的那个颜色的木板。

【父母的游戏笔记】

_____
_____
_____
_____

PART 5
感官训练之视觉

 听听专家怎么讲

　　蒙台梭利记载,这个实验很受5岁左右的孩子欢迎。虽然一开始会犯错误,但是很快孩子就获得了非凡的成功,他们开始很少犯错。颜色记忆训练是对孩子色觉能力培养的重要方面,一旦他们习惯于通过记忆来识别颜色,他们就不再需要用实际存在的事物而是靠留在他们脑袋里的印象来比较颜色的差别。

　　在生活中,我们可以随时随地进行这个游戏。比如,坐公交车的时候我们可以让孩子观察街道两边的店铺招牌,寻找和某一块招牌颜色相近的招牌。在做这类训练的时候,有一个比较关键的点是:孩子观察参照物色彩时,家长一定不能打断,要给他们充足的时间去记忆。

➢ 颜色大变身

【游戏目的及适用年龄】

锻炼孩子的颜色识别能力，与孩子一起观察不同颜色混合后的改变规律。适用年龄4～5岁。

【使用道具】

几个透明玻璃杯，红、黄、蓝三种水溶性颜料。

【我们一起做游戏】

1. 将红、黄、蓝三种颜料分别放在三个杯子里，加适量水。和孩子一起观察，确定颜色。

2. 在红色颜料杯子中加入黄色；在黄色颜料杯子中加入蓝色；在蓝色颜料杯子中加入红色，分别搅拌均匀，引导孩子观察颜料混合后的颜色。

3. 分别尝试向红、黄、蓝三种颜料杯里加入其他颜色，与孩子一起观察颜色变化，和孩子讲一讲红、黄、蓝三原色和调色的小知识。

【父母的游戏笔记】

_____

_____

PART 5
感官训练之视觉

 听听专家怎么讲

　　在这个游戏中，除了让孩子认识颜色以外，还要引导他们观察在搅拌过程中颜色变化的情况。4~5岁的孩子基本上已经能认识几乎所有的颜色。在此基础上，让他们观察颜色的变化，更有利于他们理解颜色的构成和刺激视觉的发育。

➢ 填色游戏

【游戏目的及适用年龄】

锻炼孩子的颜色识别能力和记忆能力,锻炼孩子的手眼协调能力。适用年龄为3~6岁。

【使用道具】

画纸,彩色画笔。

【我们一起做游戏】

1. 准备一些生活中常见的图形轮廓,例如花、蝴蝶、树、动物,让孩子用彩色画笔为它们填色。

2. 当孩子能够熟练填色后,开始拓展涂色范围,给简单的图形轮廓慢慢加上复杂的背景,例如草地、楼房、天空上的云彩和小鸟,等等。

3. 引导孩子开始使用水彩或者毛笔填充图形。

【父母的游戏笔记】

听听专家怎么讲

　　许多孩子都玩过涂色游戏,这是一个对孩子的色觉识别和色觉记忆非常有帮助的游戏。孩子的生活空间是五颜六色的,认识、记忆这些空间里的颜色是对孩子色觉发育最好的练习。涂色时,孩子会在不经意间把他们印象里的颜色涂抹进去。有一个孩子在涂色的时候,喜欢把所有人的衣服都涂成黑色,开始大家都不知道这是为什么,后来才知道,邻居家的一个老爷爷对他很好,他就很喜欢穿黑色的,所以孩子就记住了这个颜色。

　　为什么有的孩子涂色的时候很混乱呢?有的孩子会画一头紫色的牛,会给小草的叶子涂成五颜六色,这就说明他还没有学会观察颜色。

　　这种涂色游戏能体现孩子色觉发育的状况。例如如果孩子能够选择非常合适的颜色搭配,或者能够在一张画上集中使用柔和色系的颜色或对比强烈的颜色,就说明他们在色觉细节的变化上的进步程度。

PART 6
感官训练之听觉

分辨声音的练习

听觉敏感度的培养

有关安静的课程

音乐教育

分辨声音的练习

对于每个孩子来说，语言学习都是头等要务。将德国和美国的聋哑人学校所使用的教具引入到孩子的语言学习日常训练教学中，是非常有意义的事情。

作为语言学习的入门过程，使用教具进行分辨声音的训练可以通过特殊的渠道让孩子把注意力集中于人类嗓音变化上，这对学习语言非常有益。这种训练的另一个作用是保持耳朵对噪音的灵敏分辨能力，使孩子能够准确识别轻微的噪声，将之与说话语音分辨开来，同时让孩子能对刺耳或者失调的声音及时做出反应。毫无疑问，经过这样训练的孩子，在对声音的美感分辨上一定有过人之处，延伸到生活中，也会让孩子的表现与众不同。我们都听过小孩子喊叫，也都知道他们会弄出一

PART 6
感官训练之听觉

些噪声干扰别人,如果他们有这种审美,这种讨人厌的情况就会减少很多。

很多人推荐对孩子使用严格的科学性听力训练,可是我并不赞成这一点,那种训练并不适合应用于针对孩子的教学当中,这是因为与在其他感官练习中孩子所表现出的主动性不同,听力训练上孩子还无法专心投入其中。只有当孩子独处的时候,他才能偶尔对乐器发出的不同音高的声音做出反应。从这个角度来看,**绝对的安静对孩子进行听力训练非常重要**。

马切洛尼是米兰"儿童之家"的第一位主管,后来他又负责管理罗马的"儿童之家"。他发明了一个小装置,那是由两套各13个悬挂在木架上的、外形完全一样的铃铛组成的东西。用小锤子敲击铃铛,能发出13个不同的音符。训练时,马切洛尼会用小锤敲击第一套铃铛中的一个,然后让孩子在第二套中寻找相同的声音。这个训练难度偏大,因为影响音符的不仅有铃铛本身,还有敲击的力度。敲击每一个铃铛的力度应该是相似的,否则会产生差异很大的声音。除此以外,辨认、记住老师敲击铃铛产生的声音也很困难。正是因为这个原因,我不喜欢使用这套教具,而是使用一组小口哨。有时也会用一个装了不同东西的小盒子,盒子里面装上沙子或者鹅卵石,这样一来,摇晃盒子时就能发出不同强度的声音。

下面，我介绍一个在听觉训练中经常采用的方法：

首先，老师用一些方法让孩子们保持安静，然后我开始进行训练。我会用一系列变调说"si"这个音，声音时而短促，时而拉长声调，时而尖锐，时而像耳语一般轻轻呢喃。慢慢地，孩子的注意力都被吸引过来。这时候，我会低声重复："大家再安静些，安静些……"这种方法会让教室里变得更加安静。

我继续发出"si"的嘶嘶声，音量会越来越轻，期间继续夹杂轻声的"更安静些"的提示。当教室里安静到一定程度后，我开始添加新的内容。我轻声告诉孩子们："我们可以听到钟表表针在走的声音，可以听到苍蝇飞行时嗡嗡的声音，还可以听到花园里树木说话的声音……"我说这些的时候，孩子们显得非常兴奋，但又极力保持安静，以至于安静得像屋子里没有人一样。接着，我轻声说："现在我们闭上眼睛……"屋子里更安静了，而且这种安静能保持很久。这种练习可以让孩子深切体会保持安静和绝对的安静是什么样子的。如果在此过程中有哪个孩子打破了安静的环境，我就会用一个音节或者一个手势提醒他，尽快回到安静的氛围中去，而这简单的音节和手势往往非常有效。

拥有了绝对安静的环境后，我们开始制造声音和噪声。一开始的时

PART 6
感官训练之听觉

候，这两种声音对比强烈，慢慢地，它们会变得趋同。有时候，我们还会在两者之间切换对比。

依塔德使用的方法很有启发性，这个方法运用到了鼓和铃铛。鼓的作用是发出一系列噪声，当然也可以说是一系列厚重而协调的声音，因为鼓毕竟是一种乐器。铃铛发出的是另一组声音。两者之间可以进行对比。其他的一些发音工具，例如口哨和盒子对孩子来说吸引力就非常小，用它们训练孩子的听力就事倍功半。

当训练环境变得安静下来以后，我们就开始摇动铃铛了。铃铛时而发出平静甜美的声音，时而发出清脆动听的声音，这些声音会传遍孩子全身，让他们深刻体会它。事实上，经过仔细挑选的铃音不仅适合于锻炼孩子的听力，还能够实现对孩子整个身体振动的练习，让他们熟悉这种韵律感。可以预期，经过这种训练的孩子会对噪声非常敏感，进而讨厌噪声，避免制造噪声。

听觉经受了刺耳或者是不协调的声音的训练后，就可以开始进行下一步的音乐训练了。我不想在这里强调音乐训练对孩子成长和美感培养的重要性，不过经过这种训练后，孩子一定会变得更加镇定，能够主动避开不协调的噪声。这种噪声会让人变得粗俗低下，让人变得粗野残暴起来。

摘自《蒙台梭利儿童教育手册》

给中国家长的话

与成人的听觉能力相比，孩子的听觉敏锐程度是超乎我们想象的。如果我们能够及时对它提起重视，及时对它进行有针对性的训练，那么这种敏锐的听力就会一直伴随我们到长大成人。可遗憾的是，在实际教育中我们发现，听力是最不为家长所重视的一个感官能力。人类的器官大多遵循"用进退废"的生物规律，所以孩子的这种敏锐的听觉也就很少有能保持到成年的。

蒙台梭利没有忽视对孩子听力的训练培养，在她的听觉训练体系中，给孩子一个安静的环境，让他们在这个环境中分辨细微的声音，通过音乐、节奏的培养巩固听力的发挥，成了几个最重要的听力训练原则。

孩子的听力训练应该越早开展越好。下面是一个1岁以内幼儿听力发展情况表，父母们可以借鉴一下：

年龄段	听力发育情况
0~1个月	听到声音会有所反应。如果是在睡梦中，听到响动会睁开眼睛。

PART 6
感官训练之听觉

续表

年龄段	听力发育情况
1~3个月	如果有突然而来的声音，孩子会伴随手脚活动和眨眼的现象，一些噪声对孩子睡眠的影响越来越大，一些离孩子很近的声音会引起他的寻找动作。
4~6个月	对周围日常不熟悉的声音，孩子会转头寻找声源。突然出现的过于大声的声音会让孩子表现出紧张、害怕的表情。
7~9个月	能够对室外传来的声音，如汽车声等做出反应，能够简单听懂家长的话。对音乐或有节奏的声音会做出反应，手舞足蹈。
10~12个月	能够根据听到的音乐做出有节奏的呼应动作，能够执行父母的简单命令，甚至能够用简单的单词做出回应。

从这个表中我们可以看出，孩子自出生开始就已经拥有了听觉，所以我们不妨尽早开展相关方面的训练。

听觉敏感度的培养

在"儿童之家",我们进行过的试验中唯一一个完全成功的是关于钟表的,其过程在于使用微小的声音和低低的耳语测量孩子听觉。因为这个实验没有量化的标准,所以并不能给出最终的判定结果,但它依然有巨大的价值,至少它能帮我们大概地了解孩子听觉的敏感度。

这个实验的过程如下:

首先让房间保持安静——这需要让孩子先理解安静的定义并能在一定程度上学会保持安静。当到一定安静的程度后,引导孩子开始注意平时不为我们所注意的噪声,比如钟表的嘀嗒声。稍等片刻后,要求孩子一个一个轮流用非常小的声音说出自己的名字。

为了让孩子保持安静,在做实验以前我们先与他们一起做了几个关

PART 6
感官训练之听觉

于安静的小游戏。这些小游戏不仅能让孩子学会保持安静,而且在强化儿童纪律观念方面也有很强的效果。

我让孩子们仔细观察我,看我到底能做到什么程度的安静。接下来,我或者站立,或者坐下,采用了多种姿势,并且在做姿势时保持安静。声音无处不在,哪怕是动一根小手指也不会完全寂静无声,所以我要保持安静并不容易。我邀请一个孩子和我一起做姿势。他把脚调整到一个舒服的位置,把自己的手臂放在椅子背上,这些动作都让他发出了声音。即使是他的呼吸声也很大,而不像我能保持很大程度的安静。

当这个孩子做动作时,我利用间歇时间对他向其他孩子做了简短的评价。孩子们对这一活动都很感兴趣,因为眼前的一切都是他们此前从未注意过的:原来我们不经意间产生了那么多的噪声;原来安静也分等级;原来只有一切活动都完全停止的时候,才能够十分安静。

孩子们睁大双眼兴奋地看着站在教室中间的我,然后他们开始尝试模仿我,甚至有几个孩子说要做得比我更好。我变得更加小心,因为哪怕是脚不经意地微微动一下,都会发出令人瞩目的声音。孩子们则把注意力放在如何让自己一动不动保持安静上。

在我和孩子们的共同努力下,教室里终于安静下来。这种安静与我们平时所说的安静完全不同。屋子里慢慢变空了,就像连生命都消失了一样。紧接着,我们听到了钟表的嘀嗒声。随着安静的程度越来越深,持续的时间越来越长,嘀嗒声也变得越来越响。不仅是嘀嗒声,平时我们没有注意到的各种声音,比如小鸟鸣叫的声音、小孩子跑过的声音也开始出现。孩子们都静静地坐着,仿佛被这种安静彻底征服一般。一位老师评价说,当时屋子里好像没有人一样安静!

休息活动了一下后,我们拉上窗帘,让孩子们都坐下趴在胳膊上闭眼休息。黑暗中,异常的安静再次出现。我开始进行下一步游戏。

"现在仔细听,是不是有一个非常小的声音在叫你们的名字?"我一边说,一边轻手轻脚地走到隔壁的屋子,敞开两间屋子之间的门,用非常轻柔的声音呼唤孩子的名字。我尽量让声音绵长悠远,就像我站在远处山峰上喊话一样。这个几乎无法听清的声音慢慢沉浸在孩子的心里,唤醒了他们的灵魂。试验中,每一个被叫到名字的孩子都会抬起头,睁开眼,流露出幸福的样子。他们会踮起脚尖尽量安静地走到门口。在走动过程中,他们会保持安静,尽量不去挪动、碰撞椅子。沉寂的教室里只有他们的脚步声在回响。

走到门口的孩子表现各不相同。有一个孩子走到门口后,又一脸笑容地跳回房间,但他一直忍住没笑出声来;有的孩子会高兴得跑进屋子,把脸埋在我的裙子上;还有的孩子会回头看那些雕塑一样坐在屋子

PART 6
感官训练之听觉

里等候我呼唤的伙伴。所有被叫到的孩子都像拥有了特权或者受到奖励、礼品一样。虽然知道所有孩子都会有这个"殊荣",但他们还是觉得越早被叫到说明越安静,所以每一个孩子都尽力保持安静。有一次,我居然看到一个3岁的小女孩竭尽全力憋回去了一个喷嚏——这对于这个年龄段的孩子来说简直是一个奇迹。

这无疑是一个极受孩子欢迎的游戏。做游戏时,这些表情专注的孩子为了保持安静能够一动不动好长时间,表现出了极大的积极性。刚开始的时候,我还不理解孩子的心理,觉得如果给他们糖果和小玩具,会是对这些非常努力的孩子的最好奖励,可是后来我发现,这完全是多余的。孩子们在经过努力体会了安静的魅力后,开始喜欢上安静本身给人带来的快乐,就像停泊于安全港口中的船舶一样。

孩子是乐于经历新事物,喜欢不断挑战自己的。面对糖果和小玩具的奖励——这原本是我认为最能引起孩子兴趣与动力的东西——他们更喜欢挑战的刺激。于是我放弃了原本的想法,开始专注于游戏本身,而让我感到惊讶的是游戏非常成功。即使是3岁的孩子,在整个游戏过程中,也始终保持着静止不动和安静。

这个游戏的成功提醒我,**独特的奖励形式和精神快乐对激励孩子和抚慰孩子的心灵有更加独特的作用**。而且,在游戏结束以后,孩子们似乎更接受我、更听话、更有礼貌了。在游戏的时候，虽然我和孩子们有几分钟几乎是被隔离在世界之外的，但我们却离得如此之近。

摘自《蒙台梭利早期教育法》

 给中国家长的话

听力敏感度的训练包含几个方面的内容：一定嘈杂环境背景下，对某些细小声音的分辨；同种环境，多种混杂声音下，对不同音质的分辨；同一音质下，对音量大小细微的分别；等等。这些训练的方法各不相同，使用的教具也都不一样，但是对环境的基本要求都是一致的：安静。对于参与训练的孩子的状态要求也是一样的：专注。掌握了这两点，然后再从我们训练的直接目的出发，就能够很容易实现最终的目标。

PART 6
感官训练之听觉

有关安静的课程

前文说过,要想训练孩子的听力,就要保持异常的安静。但对于孩子来说,这恰恰并不容易。接下来我就要叙述一个已经被实践证明过的,让孩子很快安静下来的办法。

一天,我正要走进一家"儿童之家",迎面就遇到一个4个月大被妈妈抱在怀里的婴儿。这个婴儿是按照罗马人的习惯包裹的(罗马人习惯用一种叫"布帕"的布袋子包裹婴儿),非常安静。我把他接过来抱住,他也丝毫不哭闹。走向教室的时候,许多孩子冲出来迎接我。他们是那么热情,紧紧抓着我的裙子,以至于我差点被弄倒。我也冲着孩子们笑,给他们看我怀里包着布帕的婴儿。孩子们马上明白过来,不再拽我,而是一脸欢乐地站在我旁边看。

在孩子们的簇拥下，我走进教室坐下来，不过这次我没有像往常那样坐在孩子的小椅子上，而是选择了一把大椅子单独坐。孩子们继续快乐而温柔地看着我，但是教室里没有一个人说话。就这样安静地坐了一会儿，我对他们说："今天我给你们带来了一位小老师。"孩子们都吃惊地睁大了眼睛，有几个还笑出声来。我笑一笑继续说："不是吗？你们当中没有谁能够比他更安静。"一听我这样说，孩子们马上开始坐好并保持安静，"他也比你们更能摆放好自己的手脚。"这话让孩子们都纷纷开始注意自己手脚的位置。

　　看到这一幕，我开心地笑了，对他们说："你们看，你们就是不能像他那样安静，不能像他那样一动不动，你们或多或少都要挪动一下。"这话让孩子们表情严肃极了。不过也有的孩子开始微笑，不过还是保持静止不动的姿态，好像只是在用眼睛告诉我："这个小婴儿真是很棒！"我继续鼓励他们："你们有谁能像他一样保持安静一点声音不出吗？"孩子们没有什么大的反应，继续保持安静，"你们要想比他更安静是很难的，因为他的呼吸声要比你们弱许多，不信你们可以轻手轻脚走过来听一听。"

　　几个孩子站起身，悄悄地走到婴儿身边，弯腰去倾听他的呼吸声。很快，他们就惊讶地睁大了眼睛，一脸的惊奇：他们从来没有注意过，

PART 6
感官训练之听觉

哪怕是轻轻地呼吸也有噪声发出来，而一个婴儿的呼吸声明显要比大人或者他们自己轻得多。孩子们几乎屏住呼吸地看着这一幕。我站起来说："现在，让我们踮起脚尖轻轻走出去，不要发出任何声音。"孩子们照做了。我跟在他们的后面："再轻一点，我还是能听到一点响声。那个小婴儿可没有发出什么声音，你们看他多安静啊！"孩子们笑起来。我知道他们听懂了我的意思。我走到窗户边，把怀里的小婴儿放在他妈妈的怀里。他妈妈一直站在窗外看着我们。

孩子们的心全都被那个小婴儿吸引走了，就像他有莫大的吸引力一样。的确，如果一定要对比一下的话，世界上婴儿的安静无疑是最温馨甜美的。这个沉睡的小婴儿身上凝聚着令人羡慕的新生命的力量。与它相比，所有可以用语言形容出来的安静——例如"是如此的安静，以至于从船桨上滴下一滴水都能听清"都黯然失色。这一点，孩子们也有了深刻的体会。

摘自《蒙台梭利早期教育法》

给中国家长的话

要想真正高效地培养孩子的听觉敏感度,为孩子搭建一个安静的环境是必不可少的,这就像我们在安静的录音棚里听音乐才是最清晰、美妙的一样。安静的环境并不难以搭建,但是想让训练的主体——孩子也保持安静,就很难了,但这又是一个不得不解决的难题。

"让孩子保持安静,不就是不让他们说话吗?命令他们不说话就好了。"这是一位妈妈在我的培训班上提出的疑问。在听力训练中,保持安静的意义可不仅仅在于让孩子不出声音,重要的是还要让他把注意力全都放在"听别的声音"上。如果孩子不能集中注意力于听力训练上,那么让他安静的结果只有两个:一是他很难保持长时间的安静,而是很快就又喧闹开了;二是他会把注意力放在别的事情上,而对家长发出的训练用的声音充耳不闻。所以,光用命令的方式让孩子保持安静,结果不会太好。

1. 让孩子自觉自愿地保持安静,而不是被命令保持安静;

2. 要让孩子知道,他们保持安静的目的不是别的,而是倾听更奇妙的声音,并以此来引发他们的兴趣;

PART 6
感官训练之听觉

3. 最好能让孩子有共同游戏的伙伴，这样会激发孩子的好胜心；

4. 不要让孩子保持这种注意力高度集中的安静状态太久，要及时引领他们进入下一个训练阶段，否则之前的工作将事倍功半。

音乐教育

想让孩子有一定的音乐素养,就必须从听力下手,用一定的方法仔细加以指导。这是因为,就像小动物一样,一开始孩子对再伟大的音乐家的作品也无动于衷,他们无法感受音乐的美妙。与此同时,对于成人来说的噪声在孩子看来也是再正常不过的东西,比如孩子们聚集在大街上大喊大叫的声音。

音乐训练必须从乐器和音乐本身两个方面着手,乐器是为了培养孩子的节奏感,实现肌肉律动和节奏之间的协调,音乐则是为了培养孩子的美感。在乐器选择上,我比较倾向于弦乐器,例如某些经过简化的竖琴。鼓、铃铛和弦乐器配合在一起演奏的三重奏,堪称最能展现人性的经典演奏形式之一。其中竖琴是传说中的乐神所专用的乐器,被称为

PART 6
感官训练之听觉

"个人最亲密的伙伴"。在爱情故事中,正是手持竖琴的公主拯救了王子邪恶的心灵。

教师把孩子们召集到身边,虽然他们也可以自由地散开,但是老师需要用所有能吸引住孩子的渠道——眼神、手势等把他们牢牢吸引住。接着,教师开始拨动琴弦,用一个简单的曲段与孩子和孩子的心灵展开交流。如果这位教师能够边弹边唱那就更好了。孩子们可以跟着他有节奏地一起唱,而不是被老师要求着被迫唱歌。

在乐曲的选择上,教师应该挑选一些所有孩子都能学唱的歌,这样他就能根据孩子不同的年龄来选择节奏的复杂程度。我把这种选择的方式叫作"适应性教育"。教师要随时观察,什么节奏下只有大孩子能跟上他的教学节奏,什么情况下小孩子们也能跟得上。不管这位教师如何调整,那都是乐曲选择的问题,不变的是简单的乐器,它们是最能启发孩子音乐天赋的东西。

一位很有音乐天赋的米兰"儿童之家"的主管在我的请求下做了一系列的实验,目的是更深入地研究小孩子的音乐能力。在实验中,她使用钢琴弹了许多重音,以观察孩子是对节奏还是对音调更有反应。结果表明,孩子对节奏更有感觉。在这个结论的基础上,她又设计了简单的舞蹈,以图通过它研究节奏本身对于肌肉运动协调性的影响。最后,她惊讶地得出这样的结论：孩子们会自己设计一套动作来展现自己的智慧和艺术。不论这个孩子来自哪个社会阶层，有什么样的教育背景，在试验中他们都会主动跳跃。这位主管信奉自由成长，而且不认为孩子跳跃是错误的行为，所以她从来没干涉过孩子们。

不过，随着实验的继续深入，当她给孩子们做重复节奏的练习时，孩子们慢慢地不再跳跃了，或者说他们认为这种跳跃已经"过时"了。一天，这位主管想问一问孩子发生这种变化的原因。几个小孩子没有给出答案，大一点的孩子虽然答案各异，但核心思想都是一样的：跳跃不好看，粗鲁。

这个结论让我们获得了极大的成功。因为我们从那时候起知道，**训练孩子们的肌肉感觉是可能的，而且肌肉记忆如果伴随着其他形式的感觉记忆，那么这种肌肉感觉的陶冶将格外精巧。**

摘自《蒙台梭利儿童教育手册》

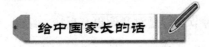

蒙台梭利非常注重对孩子的音乐培养，这是因为音乐培养对孩子的

成长而言益处良多：它不仅能提高孩子的听觉辨别能力和敏感性，而且可以增强孩子的记忆力、想象力、创造力。现代教育研究也显示，对幼儿进行音乐教育，带领他们欣赏音乐、歌唱音乐，可以对他们的心理产生其他感官所无法比拟的刺激，启迪他们的智慧，激发他们巨大的创新思维潜能。

事实上，现在的教育机构和家长已经非常注重对孩子进行早期的音乐启蒙和培养了，但是这里有一个误区：对孩子进行音乐启蒙，不意味着要让孩子未来一定走专业的音乐之路，也不一定要花大价钱去参加音乐兴趣班之类，更不能随便就给孩子戴上"未来小音乐家"的帽子。只要进行简单的音乐培养，以促进孩子的听觉能力和智力、心理发育就好。

具体而言，对孩子进行音乐培养需要做哪些工作呢？只要让孩子多多接触音乐，对音乐的基本知识有所了解，多多陶冶他们的情操就可以。如果孩子喜欢，还可以展开一些简单、有趣味性且符合年龄阶段特征的音乐活动，让孩子主动参与，以增强孩子们亲近音乐的兴趣。此外，还可以通过教孩子一些简单生动的儿歌，与他们一起接触一些节奏明快的乐器，如电子琴、扬琴、铃鼓等，去培养孩子的乐感，锻炼他们的听力。

※听觉感官训练游戏快乐营

➤ 听声辨位

【游戏目的及适用年龄】

锻炼孩子追踪声音,辨别音源方向的能力,促进孩子听力的发育。适用年龄3~6个月。

【使用道具】

小铃铛、拨浪鼓或者其他声音不尖锐刺耳的小乐器。

【我们一起做游戏】

1. 让孩子平躺在垫子上,四周不要有遮挡他视线的东西。家长站在离孩子1米左右的地方,

轻轻敲响乐器，引导孩子寻找。

2. 家长变换位置弄出响声，让孩子继续寻找。

3. 当孩子能够迅速而准确地找到家长后，家长开始尝试一边敲响乐器，一边绕垫子行走，吸引孩子注意。

【父母的游戏笔记】

 听听专家怎么讲

清晰且音量适度的声音更能吸引孩子注意，同时让他有能力追踪音源方向。所以，我们在做训练时要仔细挑选乐器，并注意不要制造过于大的声音。事实证明，声音过大会让孩子烦躁，同时失去辨别声源的兴趣。孩子一旦转移了注意力，这个训练游戏就失去意义了。

此外，建议家长可以用自己的人声代替乐器。轻声呼唤孩子的名字，不仅能起到同样的锻炼效果，而且能加深孩子对自己名字的印象。

➢ 声音是远还是近

【游戏目的及适用年龄】

锻炼孩子追踪声音，辨别音源的远近，促进孩子听力的发育。适用于年龄1~2岁的孩子。

【使用道具】

小铃铛等小乐器。

【我们一起做游戏】

1. 让孩子平躺在床上，蒙上眼睛，或者在他四周放上遮挡视线的东西。

2. 家长拿着小铃铛在离孩子两米左右的地方轻摇，一边摇一边向孩子靠近，让孩子体会声音由远及近的感觉。

3. 走到孩子身边后，再摇铃慢慢远离孩子，让他体会声音由近及远的感觉。

4. 解开眼罩，再次重复上述动作，让孩子一边观察音源的远近变化，一边听声音的变化，两者相对应。

【父母的游戏笔记】

PART 6
感官训练之听觉

 听听专家怎么讲

　　这个游戏可以进一步扩展到生活中,比如带孩子出去玩的时候,听一听汽车由远及近的声音变化;又比如,当天空中有飞机飞过的时候,与孩子在观看飞机的同时,一起听声音的变化。

　　当孩子对音源远近变化引起的声音变化有所了解后,可以让孩子模拟音源由近及远或者由远及近的变化过程。

➤ 敲一敲，响一响

【游戏目的及适用年龄】

锻炼孩子分辨不同声音的能力，增加他们对事物的认知。适用年龄1~2岁。

【使用道具】

各种材质的器皿，例如塑料碗、玻璃杯、搪瓷缸、瓷碗、竹木碗等。

【我们一起做游戏】

1. 把各种器皿摆在孩子面前，让他用手挨个触摸它们，获得最初的触感体验。

2. 给孩子一根竹筷，让他挨个敲这些器皿玩。敲的时候要仔细听不同材质的器皿所发出的声音之间的差别，同时告诉孩子他所敲的器皿的材质。

3. 如果进行练习的孩子年龄较大，还可以在他们记牢不同器皿声音的特质后，蒙上眼睛，由父母敲击器皿，让他根据声音辨别器皿的材质。

【父母的游戏笔记】

_____

_____

PART 6
感官训练之听觉

 听听专家怎么讲

  不同材质的器皿,在敲击的时候会发出不同的声音,有的闷响,有的清脆。这些不同的声音可以有效地激发孩子的兴趣,让孩子很主动地去模仿大人的动作。事实证明,做这个游戏时,孩子会非常兴奋,往往会高兴地大叫起来,小手挥舞着主动去敲击。

  虽然对这个年龄段的孩子来说,教给他们什么是塑料碗、什么是瓷碗没有太大的意义,但是在锻炼孩子听觉能力方面,还是很有效果的。

➤ 水钢琴

【游戏目的及适用年龄】

锻炼孩子对不同音的敏感度,培养孩子的音乐学习兴趣。适用于1~2岁。

【使用道具】

一组玻璃杯,一个金属勺子。

【我们一起做游戏】

1. 让孩子在桌子旁边坐好。在他面前放一个玻璃杯,然后向杯子里面注入少量水。用勺子敲击杯子,让孩子的注意力集中在杯子发出的声音上。

2. 向杯子里面添加少量水,然后敲击杯子,让孩子倾听声音的变化。

3. 摆放一排杯子,然后给它们添加不同的水量,形成以少变多的趋势。逐一敲击杯子,形成音阶,与孩子一起分辨不同音的差别,尝试唱不同的音给孩子听。把勺子给孩子,让孩子自己动手敲一敲,问他最喜欢哪个音。

【父母的游戏笔记】

_____

_____

_____

_____

 听听专家怎么讲

  这个游戏算不上对孩子进行音乐培养,而只能说是让孩子的听力逐渐熟悉同一个音质下不同音的变化。由于水杯和勺子都是孩子平时认识、使用的东西,所以用它们敲击不同的音出来,可以起到吸引孩子注意力、培养孩子兴趣的作用。

➢ 随着音乐做动作

【游戏目的及适用年龄】

锻炼孩子对节奏的敏感程度,培养孩子的艺术感觉,促进大脑发育。适用于1~2岁孩子。

【使用道具】

外放的音乐设备。

【我们一起做游戏】

1. 选择孩子情绪好的时间,给他穿上便于活动的便服,打开节奏感强的音乐。活跃孩子的情绪,使其注意力集中在音乐上。

2. 伴随着音乐的节奏,父母抓住孩子的手腕,上下挥舞做动作。动作的强度和幅度要符合音乐的感觉,要让孩子感觉到明显的节奏区别。

3. 如果孩子大一些,能够自己蹦跳,家长可以给孩子做示范,随着音乐跳跃,舒张四肢。

【父母的游戏笔记】

PART 6
感官训练之听觉

 听听专家怎么讲

孩子最早接受的韵律就是节奏，有了节奏感，孩子才有进一步接受音乐的可能。这个训练中，虽然父母作用的是孩子的肢体，但是却通过肢体让孩子的大脑更深层次地体会了听觉器官反馈回来的信息的内涵，让韵律更加深入孩子的骨髓。

除了锻炼孩子的听觉和审美以外，这个游戏还能让孩子的肌肉记忆更加适应韵律和音乐的刺激，这为孩子将来接受舞蹈或者相关类似的教育打下了基础。

➤ 给儿歌找节奏

【游戏目的及适用年龄】

锻炼孩子对节奏的敏感度，进行初期的音乐培养。适用于2～3岁。

【使用道具】

无。

【我们一起做游戏】

1. 教孩子一首简短的儿歌，如：小老鼠，上灯台；偷吃油，下不来；吱吱吱，猫来了，叽里咕噜滚下来。

2. 与孩子一起有节奏地朗诵儿歌，每朗诵一个字，

就与孩子一起拍一下手。可以三个字为一段，如：

|×××|　|×××|　|×××|　|×××|
小老鼠　上灯台　偷吃油　下不来

3. 等孩子熟悉这个节奏后，变换节奏，再与孩子一起朗诵，拍手，如：

PART 6
感官训练之听觉

|X XX| |X XX| |X XX| |X XX|
小 老鼠　上 灯台　偷 吃油　下 不来

【父母的游戏笔记】

_____

_____

 听听专家怎么讲

　　这种节奏训练源自于德国作曲家、音乐教育家卡尔·奥尔夫的教育方法。蒙台梭利在她的著作中也提到了应该对孩子进行节奏训练，但是并没有过多深入展开。对孩子进行这种节奏训练，重要的一点是让孩子的身心、肢体全都运动起来。这样的好处在于不仅能够锻炼孩子的听力，还能对他们的肌肉活动、节奏感等都起到锻炼作用。奥尔夫主张八种节奏打法：双手拍掌、双手拍腿、左手拍左腿、右手拍右腿、左手拍右腿、右手拍左腿、跺左脚、跺右脚。具体如何做，家长可以在练习时调整。

➢ 小歌手，真快乐

【游戏目的及适用年龄】

锻炼孩子的听力，培养歌唱的兴趣，进行初期的音乐培养。适用于2~3岁的孩子。

【使用道具】

播放机。

【我们一起做游戏】

1. 给孩子反复播放一首简短的儿歌，如：《两只老虎》。

2. 在孩子熟悉儿歌以后，与孩子一起哼唱。遇到唱得不好或者卡壳的地方，可以忽略过去，直到整首唱完。

3. 关掉播放机，让孩子独自唱。家长可以帮孩子打节拍，给孩子以鼓励。

【父母的游戏笔记】

_____
_____
_____
_____

听听专家怎么讲

让孩子唱歌不是为了唱得好,也不是为了训练技巧,而是为了培养他的乐感、音乐素养和语言表达能力。所以,不管孩子唱得好与不好,又或者是不是卡壳,都没有关系,也不要打断他,甚至让他重唱,只要唱下去就好。孩子唱的有错误,家长可以示范一遍正确的。如此三番,孩子就能唱正确了。从这个角度说,唱歌游戏也是对孩子记忆力的一种锻炼。

➤ 捂上耳朵听声音

【游戏目的及适用年龄】

锻炼孩子的听力敏感度。适用于2~3岁的孩子。

【使用道具】

无。

【我们一起做游戏】

1. 家长与孩子面对面坐好，然后给孩子讲一段故事或者唱一首歌。音量适中。

2. 用双手捂住孩子的耳朵，重复上面的过程。

3. 问一问孩子，捂上耳朵听声音和不捂耳朵有什么区别。

4. 捂上孩子的耳朵，家长降低音量说一句话，让孩子猜一猜是什么话。得到结果后，放开耳朵再重复一次，看误差有多大。

PART 6
感官训练之听觉

【父母的游戏笔记】

_____
_____
_____
_____

 听听专家怎么讲

  捂耳朵造成音色差异是最简单的一个变声方法,这个游戏可以让孩子仔细分辨不同音色之间的差别,让孩子的耳朵适应这种差别。游戏的最后一个环节有助于提高孩子的游戏兴趣。也可以让孩子捂住家长的耳朵说话,然后让家长猜。这样轮流交换,会让这个亲子游戏更有趣。

➢ 捏着鼻子说儿歌

【游戏目的及适用年龄】

锻炼孩子的听力敏感度。适用于2~3岁的孩子。

【使用道具】

无。

【我们一起做游戏】

1. 家长与孩子面对面坐好,与孩子一起回顾他以前学的儿歌,让孩子自己说一遍。

2. 家长对孩子说:"我们来玩一个变声游戏好不好?"征得孩子同意后,家长首先把自己的鼻子捏住,重复儿歌,让孩子听一听声音有什么不同。

3. 捏住孩子的鼻子,让孩子重复儿歌,再让他听听自己的声音有什么不同。

4. 给孩子讲一讲声音不一样的原因。

【父母的游戏笔记】

_____

_____

PART 6
感官训练之听觉

 听听专家怎么讲

　　孩子对声音的变化一向是感兴趣的。按照以往的经验，当家长捏住鼻子说话，改变声音的时候，孩子会变得非常感兴趣。如果再让他们体会一下自己变声的感觉，那么就更兴趣盎然了。这个游戏的关键在于，家长要及时向孩子解释为什么声音会变的问题。

➢ 听声做动作

【游戏目的及适用年龄】

让孩子练习保持安静，锻炼孩子的听力敏感度。适用于2.5～3岁。

【使用道具】

一些小的玩具。

【我们一起做游戏】

1. 先让孩子保持安静。

2. 当屋子里完全安静以后，与孩子保持2～3米距离，让他闭上眼睛，妈妈开始对他发出指令。孩子要根据指令做动作。例如，妈妈说："摸摸你的鼻子。"或者是"拿起你身边的小气球。"注意，妈妈发出指令时要尽量轻声。

3. 如果孩子很容易、很准确地完成了妈妈的指令，下一步可以拉开与孩子之间的距离再进行。为了增强孩子的兴趣，家长可以和孩子换着发令。

【父母的游戏笔记】

_____

_____

PART 6
感官训练之听觉

 听听专家怎么讲

这个游戏是根据蒙台梭利的游戏改编而来的,更适合家庭里单个孩子与家长共同完成。在游戏过程中有几个注意点:1. 要让房间保持安静;2. 给孩子发令时要保持发音音量的大致恒定,妈妈的声音不能忽高忽低;3. 要让孩子闭上眼睛,当然,做动作时可以睁开。

通过这个游戏,家长不但可以让孩子的听力灵敏度得到训练,而且如果指令得当,还能训练孩子的其他方面。例如让孩子触摸五官,可以训练他们对身体器官名称的熟悉程度。

➢ 震动的钢尺

【游戏目的及适用年龄】

锻炼孩子的听力和触觉敏感度,让孩子初步了解震动与声音之间的关系。适用于2~3岁。

【使用道具】

一把30厘米长的钢尺。

【我们一起做游戏】

1. 把钢尺放在书桌上,一半伸出桌面。一只手压住桌子上的一半钢尺,另一只手猛地击打钢尺伸出桌面部分的尖端,让钢尺剧烈震动。让孩子倾听钢尺震动时发出的声音,同时伸手触摸震动的钢尺,感受钢尺震动的感觉。

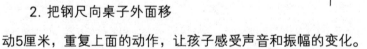

2. 把钢尺向桌子外面移动5厘米,重复上面的动作,让孩子感受声音和振幅的变化。

3. 把钢尺向桌子里面移动10厘米,重复上面的游戏。

PART 6
感官训练之听觉

【父母的游戏笔记】

 听听专家怎么讲

体会震动与声音之间的关系对于孩子来说是非常新奇的事情。这个小游戏不仅能够让孩子体会物体震动时发出的声音,让他感受物体震动时手的触感,而且能让他初步接触震动发声的原理。如果家长想让孩子体会不同物体震动时发出声音的区别,还可以把钢尺替换成塑料尺或长的细竹枝。

➢ 土制电话机

【游戏目的及适用年龄】

锻炼孩子的听力敏感度，促进其听觉发育。适用于3~4岁。

【使用道具】

两个空易拉罐、一段1米长的棉绳。

【我们一起做游戏】

1. 切掉易拉罐的封口，形成两个敞口罐，然后在易拉罐底部打洞，用棉绳穿进洞，打结。将两个易拉罐用棉绳连起来，形成一个"土电话"。

2. 孩子和妈妈各拿着土电话的一端，妈妈朝自己那一端的易拉罐里轻声说话，孩子把自己那端的易拉罐罩在耳朵上仔细听，然后告诉妈妈听到了什么。

【父母的游戏笔记】

_____

_____

_____

_____

PART 6
感官训练之听觉

 听听专家怎么讲

　　这个游戏带有手工制作的内容,很容易引起孩子的兴趣。在游戏结束后,家长可以向孩子讲解为什么棉绳能传导声音,增长孩子的知识。

➢ 听声音，找图片

【游戏目的及适用年龄】

锻炼孩子分辨不同声音的能力，以及听声音进行联想的能力。适用于3~4岁的孩子。

【使用道具】

看图识物卡片。

【我们一起做游戏】

1. 根据识物卡片，家长用手机或者录音笔录下生活中一些常见的声音，比如火车鸣笛的声音、按门铃的声音、下雨的声音、开门的声音、电脑开机的声音等。注意录的声音都要有相应的卡片。

2. 给孩子播放录音，让孩子找出对应的卡片。

PART 6
感官训练之听觉

【父母的游戏笔记】

_____
_____
_____
_____

 听听专家怎么讲

  这是一种与生活联系很紧密的听力练习。一开始,家长可以选择差异比较大的音源给孩子听,这样可以很快建立孩子分辨不同声音的能力。等孩子年龄稍大一点,可以让他们分辨音色接近的音源。不一定非得使用卡片,只要孩子能准确说出听到的声音音源是什么就可以。

  曾经见过一个很喜欢小动物的孩子,她居然能识别十余种鸟鸣声,这是一个很令人惊讶的案例。

➤ 给音找朋友

【游戏目的及适用年龄】

锻炼孩子对音的敏感度,进行初期的音乐培养。适用于3～4岁的孩子。

【使用道具】

一套简单的儿童乐钟,例如小扬琴。

【我们一起做游戏】

1. 把儿童乐钟放在桌子上,与孩子一起敲击,倾听不同音的发音特征。刚开始时,可以只敲击do、re、mi、fa、sol、la、si这7个音。

2. 让孩子闭上眼睛,妈妈用击锤敲击1个乐钟音板,让孩子仔细听。可以多敲击几次,帮孩子加深印象。

3. 让孩子睁开眼,自己用击锤敲击乐钟,直到找出刚才妈妈敲击的音为止。

【父母的游戏笔记】

_____
_____
_____
_____

听听专家怎么讲

　　这个游戏是前面提到的"水钢琴"的进阶游戏。水钢琴仅是为了让孩子分辨不同音之间的差异，激发孩子的音乐学习兴趣，没有要求孩子能够分辨不同的音。但是从这个游戏开始，可以分辨音了。孩子的音乐素养是一点点培养起来的。刚开始是节奏感，然后是音的敏感度，再然后是旋律。这个游戏脱胎于蒙台梭利的教学实验，但它更适合家庭单独使用。当孩子能够准确找到音后，可以进一步延伸，变为先后敲击两个音，或者三个音，形成一组，让孩子尝试重复。

➢ 分辨准确的音阶

【游戏目的及适用年龄】

锻炼孩子对音阶的敏感度，进行初期的音乐培养。适用于4~6岁的孩子。

【使用道具】

一套辨音器（最好包括7个全音、5个半音，以C大调为准）。

【我们一起做游戏】

1. 在辨音器上选择一个音，然后在孩子面前敲出来，同时告诉孩子这是什么音。停留几秒钟，再敲一次。这个动作重复大约半分钟，然后换相邻的音接续。

2. 介绍完全部音后，与孩子一起唱出某一个音。最后练熟。

【父母的游戏笔记】

听听专家怎么讲

　　这个游戏是"给音阶找朋友"的进阶篇。在幼儿教育中我们发现，6岁以前，孩子对音准、音阶有着很强的学习记忆能力。过了6岁，这个敏感度就要大打折扣。所以，一旦孩子对音阶有了初步的认识，我们就应该趁热打铁，培养他更精确的辨音能力。这对将来孩子学习音乐、欣赏音乐有极大好处。

　　一般而言，这个游戏要持续几个月，甚至半年之久才会取得很好的效果。所以家长可以为这个游戏加入很多生活元素，让它成为一个经常做的游戏，贯穿生活始终。

➢ 听声音，辨乐器

【游戏目的及适用年龄】

锻炼孩子的听觉敏感度，提高对各种乐器音色的分辨能力，进行初期的音乐培养。适用于4~6岁。

【使用道具】

播放器、各种乐器的图片。

【我们一起做游戏】

1. 找到各种乐器的单独演奏音频，如钢琴、二胡、笛子、箫、小提琴、鼓等。

2. 与孩子一边听这些乐器的声音，一边看图片记忆。

3. 打乱音频顺序，让孩子再听一遍声音，听的时候尽量说出乐器的名称。

【父母的游戏笔记】

_____

_____

_____

_____

听听专家怎么讲

在进行这个游戏的时候,我们可以从最简单的单乐器音频开始,逐步过渡到两种乐器的合奏、三种甚至更多乐器的合奏。如果孩子练习熟练,还可以让他在日常音乐欣赏的时候,从诸多种合奏乐器中找到某个独特的乐器。如果家庭有条件,最好让他听一听真实乐器的演奏声音。